AF495603

CLÉRICAUX

ET

ANTICLÉRICAUX

(FRANCS-MAÇONS ET JUIFS)

LEUR ROLE AUJOURD'HUI ET DANS LE PASSÉ

PAR

GEORGES ROMAIN

> C'est à l'Église qu'est due la civilisation moderne. (GUIZOT, *Histoire de la civilisation*.)
>
> Liberté pour tous, asservissement pour l'Église, voilà le programme des vrais républicains. (CLEMENCEAU, FLOQUET, LOCKROY.)

TREIZIÈME MILLE, REVU ET AUGMENTÉ

PARIS

BLOUD ET BARRAL, ÉDITEURS

4, RUE MADAME ET RUE DE RENNES, 59

1894

CLÉRICAUX

ET

ANTICLÉRICAUX

PARIS

IMPRIMERIE D. DUMOULIN ET Cᵉ

5, rue des Grands-Augustins, 5

CLÉRICAUX

ET

ANTICLÉRICAUX

(FRANCS-MAÇONS ET JUIFS)

DE LEUR ROLE AUJOURD'HUI ET DANS LE PASSÉ

PAR

GEORGES ROMAIN

> C'est à l'Église qu'est due la civilisation moderne. (Guizot, *Histoire de la civilisation.*)
>
> Liberté pour tous, asservissement pour l'Église, voilà le programme des vrais républicains. (Clémenceau, Floquet, Lockroy.)

TREIZIÈME MILLE, REVU ET AUGMENTÉ

PARIS

BLOUD ET BARRAL, ÉDITEURS

4, RUE MADAME ET RUE DE RENNES, 59

1894

PRÉFACE

Guizot, le représentant le plus élevé de la philosophie de l'histoire en ce siècle, a dit, dans son admirable *Cours sur l'Histoire de la civilisation : C'est à l'Église qu'est due la civilisation moderne. Sans elle le monde était livré à la pure force matérielle.*

De son côté le philosophe Victor Cousin écrivait à Pie IX, en 1872 : « *C'est dans le retour et le triomphe du christianisme, que je place toutes mes espérances pour l'avenir de l'humanité.* »

Voilà le sentiment de deux esprits supérieurs, *non cléricaux*, sur le christianisme et l'Église son organe, dans le passé et dans l'avenir. Un grand nombre de hautes intelligences sont arrivées à partager ce sentiment, après une étude approfondie de l'histoire, malgré les préjugés d'éducation qu'il leur a fallu surmonter. Aug. Thierry, Cousin, Le Play, de Tocqueville, Duruy, Taine, Littré et tant d'autres sont dans ce cas.

Malheureusement, il n'en est pas de même de

la foule ignorante ou prévenue. Les charlatans de l'histoire, les ambitieux de la politique, les libres penseurs, les francs-maçons et les juifs ont juré la déchristianisation de la France, et, pour y arriver, la mort de l'Église. Ils ont pris pour devise ce cri de Gambetta : *Le cléricalisme voilà l'ennemi !*

L'ennemi de qui ? l'ennemi de quoi ? Voilà ce qu'on ne dit pas et ce que nous voudrions éclaircir. Grâce aux meneurs de la libre-pensée et de la puissance judéo-maçonnique, le cléricalisme est un épouvantail pour la foule illettrée. Ils exploitent son ignorance en vue de leur fanatisme anticlérical. La guerre qu'ils font à l'Église est le fait dominant des temps nouveaux, le plus gros de conséquences heureuses ou calamiteuses, selon la tournure que prendra la guerre et la solution qui en sortira.

L'état social actuel est leur œuvre. Ils ont intérêt à ce qu'il dure : ils en vivent. L'Église les gêne. Son triomphe leur enlèverait le bénéfice de l'exploitation de la France. Il faut la museler à tout prix.

L'aveuglement des esprits est tel qu'on ne voit pas où nous a conduits l'anticléricalisme. Pourtant les menaces du socialisme et de l'anarchisme, la corruption croissante, l'effrayante augmentation des délits et des crimes, la dépopulation en France, et la pornographie effrénée, sont des symptômes qui devraient ouvrir les yeux. Cent ans d'anticléricalisme ont tué, dans la société française, ce vieux renom de bonnes mœurs populaires, de probité et d'honneur qui étaient à leur apogée à l'époque chrétienne et chevaleresque du moyen âge. Les cinq siècles cléricaux de Charlemagne à saint Louis sont les plus beaux du monde moral.

Le mal qui nous a envahis était fatal. Le même phénomène s'est présenté à toutes les époques de luttes antireligieuses suscitées par le vieil esprit païen qui ne meurt jamais. A chacune de ces crises, comme aujourd'hui, la morale a baissé, la licence et le mal ont augmenté, l'injustice a triomphé, les bons ont été opprimés.

Sous la Renaissance gréco-païenne on voit la superstition et la sorcellerie prendre la place de la religion ; les mœurs s'en vont, les libertés communales du moyen âge font place au pouvoir absolu, sous l'influence du droit romain ressuscité et favorable au despotisme.

Depuis les arènes et les catacombes, depuis Néron, Domitien et Dioclétien, depuis les empereurs Henri IV et Frédéric II, depuis Philippe le Bel, Henri VIII et Élisabeth jusqu'à la Révolution française et à l'infâme Commune, l'anticléricalisme, de quelque nom et de quelque prétexte qu'il se soit couvert, a été une revanche périodique, souvent sanglante, des passions humaines contre l'Église.

Cette démonstration dépasserait les bornes d'une brochure, si on voulait la faire complète. Nous en dirons assez pour éclairer le lecteur sans parti pris. Il verra, de plus, que l'anticléricalisme ne menace pas seulement l'Église, mais avec elle, et plus directement, la France.

CLÉRICAUX ET ANTICLÉRICAUX

I

Cléricaux.

Émile Ollivier a raconté cette anecdote :

« J'étais bien jeune lorsque M. Thiers me dit un jour : *Voyez-vous, pour réussir, il faut être exagéré.* SOYEZ ANTICLÉRICAL. *Cela tient lieu de tout.* »

Thiers avait raison. La grande préoccupation, de nos jours, ce sont les affaires, c'est le succès. La vérité, l'honneur, la conscience sont des vieilleries du moyen âge clérical, on les délaisse. L'anticléricalisme est un moyen d'arriver, on s'en fait l'avocat et l'apôtre. On l'embrasse comme une carrière lucrative. De là son immense clientèle.

Plus que jamais la société contemporaine se divise en deux camps : celui des cléricaux et celui des anti cléricaux.

Les premiers personnifient le christianisme et l'Église. D'après l'étymologie ils sont les ministres de Dieu et de la religion des chrétiens. C'est là, en effet, le rôle et la mission du clergé. C'est lui qui a converti le monde du paganisme au christianisme, et remplacé le culte de Jupiter et de Vénus par celui de Jésus, qu'on veut remplacer à présent par celui de la Révolution.

Par extension, et souvent en mauvaise part, on

appelle *cléricaux* non seulement les membres du clergé, mais ses partisans. Dans ce cas les cléricaux sont tous ceux, clercs ou laïques, qui forment la société spirituelle appelée l'Église, qui adoptent ses dogmes, sa morale et son culte, qui reconnaissent sa mission divine et ses services, qui défendent ses droits et ses libertés. Voilà ce que sont les cléricaux dans la société contemporaine émancipée de l'Église et idolâtre de la Révolution et de la libre-pensée. On le voit, rien ne prête moins à l'ironie et à la critique.

II

Anticléricaux.

Les anticléricaux ont été, dans tous les temps, les ennemis acharnés et cruels des cléricaux et du christianisme lui-même. C'est par millions que l'histoire compte leurs victimes, depuis les Juifs et païens autrefois, depuis les Pastoureaux destructeurs des églises au treizième siècle, jusqu'aux terroristes égorgeurs de 1793, aux meurtriers de Mgr Affre, en 1848, aux assassins d'Arcueil, de la Roquette, de la rue Haxo et de la rue des Rosiers, sous la Commune, où nous avons été recherché nous-même pour être mis à mort; enfin aux francs-maçons persécuteurs aujourd'hui, fusilleurs des religieuses de Château-villain.

Nous ne parlons pas des idolâtres des deux hémisphères qui continuent à martyriser nos héroïques missionnaires, abandonnant famille et patrie pour remplir le rôle de pionniers de la civilisation, comme leurs devanciers à qui nous l'avons due nous-mêmes. Ceux-là, du moins, lorsqu'ils tuent nos prêtres, ont une excuse : ils sont des sauvages, ils ne sont pas des ingrats. Si nous les mentionnons en passant, c'est pour constater l'universalité des services rendus au monde par l'Église, l'universalité de son dévouement, et aussi l'universalité de l'ingratitude dont elle est payée, comme le fut le Christ son fondateur.

L'histoire nous montre en elle la grande méconnue, la grande calomniée, la grande victime de l'esprit du mal, inné dans l'homme, depuis Caïn meurtrier de son frère. Nous n'aimons pas les censeurs et les gêneurs, mais ceux qui flattent nos idées et nos penchants. L'Église censure nos erreurs et combat nos mauvais penchants. Voilà pourquoi les païens adorateurs de Mercure et de Vénus immolaient les chrétiens; voilà pourquoi, sous l'ère chrétienne, des tyrans incestueux et ravisseurs du bien d'autrui ont fait la guerre à l'Église. Voilà pourquoi, aujourd'hui, les francs-maçons et les Juifs, ambitieux et jouisseurs, corrupteurs et corrompus, voudraient l'anéantir et font des lois dans ce but.

Il doit être permis à un clérical d'en appeler au jugement impartial de l'histoire pour comparer le rôle des cléricaux et celui des anticléricaux aujourd'hui et dans le passé. On verra de quel côté sont et ont été la justice et le droit, la vérité et les mœurs, l'honneur et la liberté, du côté de l'Église ou du côté de ses ennemis.

Est-il besoin de dire que nous ne confondons pas l'*Église* avec certains *hommes d'église* dont nul ne conteste les erreurs et les torts dans le cours de sa longue histoire. Mais, au point de vue général, l'Église ne représente pas moins la civilisation, le dévouement et les mœurs. Ses adversaires y ont été plus ou moins contraires, de quelque prétexte qu'ils aient coloré leur hostilité.

Aujourd'hui, ils sont au pouvoir. Ils ont une organisation puissante, grâce à la franc-maçonnerie et à la juiverie, qui personnifient l'anticléricalisme. Ils ont juré, nous le répétons, la déchristianisation de la France, et, pour y arriver, la mort de l'Église. En attendant, ils la musèlent, la spolient et l'oppriment, en invoquant la liberté, l'égalité et la fraternité.

Les dupes honnêtes qui les suivent ne se doutent pas du mal que leurs pareils ont fait dans le passé. Ils ne se doutent pas davantage du danger que court la France entre leurs mains. Il y a donc un intérêt patriotique à dévoiler leurs agissements et leurs vues.

C'est ce que nous allons essayer de faire, en regrettant qu'une parole plus autorisée ne se soit pas chargée de cette démonstration par la plume, avant qu'elle ne soit faite, d'une façon lugubre, par le socialisme qui divise la société, et par l'anarchisme qui menace de la faire sauter.

Présentons d'abord au lecteur les deux catégories d'ennemis de l'Église et de la France aujourd'hui : les francs-maçons et les Juifs.

III

Les Francs-Maçons.

Dans sa composition actuelle, comme par ses origines et son but, la franc-maçonnerie est aussi anti-française qu'anticléricale.

Un homme qui était doublement notre ennemi, comme juif et comme anglais, Disraëli, a opéré à Londres en 1847 la concentration des francs-maçons, ennemis jurés de la France avant d'en être les exploiteurs. Alliés des Juifs, les uns et les autres sont ligués contre l'Église et notre patrie, qu'ils desservent au dehors et divisent au dedans.

Maîtresse de la France, la franc-maçonnerie accapare toutes les places qu'elle partage avec les Juifs. Elle est représentée à la Chambre par près de deux cents députés, malgré le nombre restreint des F∴ sur notre sol : vingt-cinq mille, dit-on. Aussi les ordres du jour des Loges précèdent-ils et inspirent-ils tous les actes législatifs et administratifs ayant trait aux questions religieuses. On comprend dès lors que les cléricaux soient systématiquement opprimés.

Paul Copin Albancelli, auteur de : *la Franc-maçonnerie et la question religieuse*, est sorti des Loges parce qu'il était révolté de leur ignorance et de leur fanatisme. Selon lui, la haine hystérique des francs-maçons contre les catholiques est la grande tare de la franc-maçonnerie.

Au point de vue patriotique, voici, contre elle,

des faits concluants et des considérations décisives.

Le but de Disraëli, en l'organisant et en s'en faisant un instrument en France, était, cela va sans dire, l'intérêt anglais. Il visait à l'abaissement de sa rivale pour conserver à l'Angleterre son empire colonial et la domination des mers. Il visait même à la dépecer.

Tout le monde a entendu parler, depuis vingt-cinq ans, des cartes de France dressées selon le plan de Disraëli. La région du Nord-Est, la Franche-Comté en particulier, y est marquée pour l'Allemagne, le Sud-Est pour l'Italie, le Sud-Ouest pour l'Espagne, la Bretagne et la Normandie pour l'Angleterre. Le centre est divisé en petites principautés.

Voilà le but.

Le moyen est d'isoler la France et de lui créer des adversaires. On va voir la suite et l'enchaînement des faits pour y arriver.

Les intérêts de la France et de la Russie ne sont aujourd'hui en conflit nulle part. Leur alliance est une sauvegarde contre l'ambition et l'hostilité de leurs ennemis naturels : l'Angleterre et l'Allemagne. La monarchie l'avait compris. On ignore généralement que l'alliance franco-russe allait se faire sous Louis XVI, et qu'elle fut empêchée par la Révolution, *œuvre de la franc-maçonnerie*, décrétée à Francfort dès 1786. Henri Martin l'a dit : *La franc-maçonnerie est le laboratoire de la Révolution.*

Charles X allait donner à la France sa frontière du Rhin, quand l'Angleterre, aidée par la franc-maçonnerie, suscita la révolution de 1830.

En 1854 l'Angleterre redoutait l'alliance franco-russe. Elle réussit à pousser Napoléon III à la guerre de Crimée. Celle-ci eut pour résultat de nous brouiller avec la Russie, qui nous laissa écraser en 1870.

Ce n'était pas assez. La France était entourée d'une ceinture de petits États incapables de lui nuire. Il fallait en faire des ennemis puissants. C'est ce qui arriva par la création de l'unité italienne et de l'unité allemande. On retrouve encore là la main de l'Angleterre et le concours de la franc-maçonnerie *française*. Celle-ci poussait Napoléon III à faire l'unité italienne qui devait aboutir à détrôner le Pape. L'empereur résista d'abord; mais les bombes d'Orsini lancées par la franc-maçonnerie italienne, sœur de la franc-maçonnerie française, eurent raison de ses hésitations. La France versa son sang et son or pour donner à l'Angleterre une amie, et à l'Allemagne future une alliée.

En 1866, la Prusse voulait faire à son profit l'unité allemande. Elle ne le pouvait pas sans notre consentement. Notre intérêt était de nous mettre avec l'Autriche. Nous étions maîtres du Rhin. Ce n'était pas le compte de l'Angleterre. On ne comprend pas par quelle aberration l'empereur écouta encore sa diplomatie et Bismarck qui nous retinrent les bras croisés. La bataille de Sadowa fonda l'unité allemande, comme Magenta et Solferino avaient fondé l'unité italienne.

Quatre ans après, l'unité allemande, faite grâce à

nous, *défaisait l'unité française* en nous arrachant deux provinces. En proclamant le principe des nationalités, Napoléon III avait tiré les marrons du feu. C'était le commencement du démembrement projeté par la politique anglaise.

Mais ce qu'on ne sait pas, c'est que, sur 409 Loges françaises consultées à ce sujet, 403 ont trouvé bon que l'Alsace et la Lorraine fussent la proie de l'Allemagne. Cela a été révélé et publié tout de suite après la guerre par le F∴ Herbert, dans le journal francmaçon : *la Chaîne d'Union*, et répété par plusieurs journaux. Le fait est notoire. Sans doute il y a dans les Loges de bonnes gens qui ne se doutent pas du but supérieur et secret de l'institution, et du rôle que leur font jouer les initiés intéressés à servir les vues de l'Angleterre. Victimes d'une éducation athée et des mensonges historiques qui ont faussé l'opinion publique en France, ils agissent aussi inconsciemment que nos conseillers municipaux qui ont élevé une statue équestre au traître Étienne Marcel.

De ce moment le but de l'Angleterre était atteint. Nous étions seuls contre une puissance de quarante-huit millions d'hommes formidablement armée, contre l'Italie agrandie et contre l'Autriche.

Telle est, depuis Louis XVI, l'œuvre de la politique anglaise à notre égard, et celle de la franc-maçonnerie sa servante. Napoléon III fut particulièrement leur dupe, et la France leur victime.

Voilà les services *patriotiques* rendus par l'anticléricalisme, inspirateur de la franc-maçonnerie. Il y en a d'autres. Goblet, qui a fait tirer des coups de fusil sur les religieuses de Châteauvillain, a fait tirer des coups de canon sur les marins russes à Sagallo. Cependant la Russie, qui avait pu juger, jusque sur les champs de bataille de Crimée, les sentiments intimes de la France pour elle, conserva pour nous ceux que l'histoire n'a cessé de constater depuis un siècle.

En 1875, Bismarck, trouvant que nous nous relevions trop vite, voulait nous écraser de nouveau. La Russie intervint et empêcha une nouvelle invasion. Cependant l'alliance franco-russe n'existait pas encore. La franc-maçonnerie ne la voulait pas.

Le gouvernement, franc-maçon lui-même, ne la voulait pas non plus. Il s'obstinait à servir la politique anglaise. En 1882 il abandonnait encore à l'Angleterre l'Égypte et le canal de Suez, sans aucun avantage en échange.

Malgré tout, les deux peuples, déjà rapprochés par les manifestations de Cronstadt, scellèrent leur union dans les inoubliables fêtes franco-russes de Paris et de Toulon.

Nos représentants à Pétersbourg, le général Chanzy, le général Leflo, M. de Laboulaye, avaient préparé cette union. Ils n'étaient ni francs-maçons ni anticléricaux, Dieu merci ; ils pouvaient être clairvoyants et patriotes.

Les Loges manifestèrent leur mauvaise humeur et eur dépit. Le soir de la fameuse retraite aux flambeaux, tous les édifices, toutes les maisons étaient étincelants d'illuminations. Seul le Grand-Orient de France, la maison-mère de la franc-maçonnerie, s'abstenait. Pas un drapeau, pas un lampion. En présence de l'enthousiasme général, les Frères Trois-Points s'affichaient adversaires de l'alliance qui nous permet de faire face à la Triplice. On s'est demandé la raison de cette attitude antipatriotique.

La raison en est simple : c'est que l'alliance franco-russe est le cauchemar de l'Allemagne et de l'Angle-terre, qu'elle menace en fortifiant la France ; c'est que la franc-maçonnerie, *organisée*, nous ne voulons pas dire *soudoyée*, par nos ennemis, EST A LEURS ORDRES. Ceux qui ne voient pas cela, après l'histoire des cinquante dernières années, sont aveugles.

Outre l'histoire, certains indices particuliers sont de nature à ouvrir les yeux.

Qui ne sait que Clémenceau, un des chefs influents de la franc-maçonnerie et son souffleur, l'homme qui faisait et défaisait les ministères, l'homme qui vou-lait qu'on donnât la Corse à l'Italie, qui a poussé à céder l'Égypte à l'Angleterre, qui ne sait, disons-nous, que cet homme néfaste, aujourd'hui coulé, est lui-même membre d'un club à Londres, l'ami de Cor-nélius Herz, agent de l'Angleterre, l'obligé du juif Reinach, agent de l'Allemagne, dont il a reçu trois millions et demi, sous prétexte de commandite ? Est-ce que cela ne vous dit rien ?

De son côté, Garibaldi, un des chefs de la franc-maçonnerie italienne, disait : « Nous voulons détruire le christianisme, et c'est pour cela que nous avons voulu ruiner le pouvoir temporel du Pape. Mais cela ne suffit pas. Il faut aussi *abattre la puissance* de la grande nation chrétienne, *la France*, la fille aînée de l'Église. »

C'est à quoi il travailla en 1870 par la plus infâme des trahisons.

Le 7 septembre, il écrivait, à la suite de la visite que le comte d'Arnim lui avait faite à Caprera, de la part de Bismarck : « *Notre mission ne consistera pas à combattre nos frères d'Allemagne.* » Cette lettre a été reproduite par le journal *le Movimento.*

Là-dessus les francs-maçons triomphants au 4 septembre lui font donner le commandement d'une armée de 40 000 hommes, destinée à soutenir le corps de Bourbaki.

Le 25 octobre, il refuse de secourir le colonel Lavalle, que les Prussiens battent à Talmay et à Jancigny.

Le 30 et le 31 octobre, il refuse de venir au secours de Dijon, attaqué.

Le 1er décembre, Autun est menacé par les Prussiens. Garibaldi et son corps d'armée tournent le dos, au premier coup de canon.

M. de Serres, commissaire du gouvernement français près de l'armée de l'Est, déclare que « la conduite du général prussien de Manteuffel aurait été *extravagante* s'il n'avait pas su d'avance que Garibaldi *n'irait pas au secours de Bourbaki* ».

En effet, il ne bougea pas, et Bourbaki dut passer

la frontière suisse pour ne pas être cerné et désarmé.

Le 6 septembre 1874, le traître écrivait à M. de Schoon : « *J'ai désiré le triomphe des armées prussiennes.* » Il avait accepté le commandement d'une armée de 40 000 Français pour l'immobiliser au profit de nos ennemis. Aussi avait-il donné l'ordre écrit de *manœuvrer toujours de façon à éviter les rencontres.* On ne sera pas étonné, après cela, qu'on lui ait écrit, du ministère de la guerre : « *Si vous étiez général français, vous seriez traduit devant un conseil de guerre.* » Tout ceci est officiel.

Les anticléricaux et les francs-maçons choisissent bien leurs alliés. Voilà pourtant entre les mains de qui est notre malheureuse France !

Maintenant, comprend-on la raison de la guerre religieuse des deux côtés des Alpes, et de la lamentable politique étrangère suggérée, imposée même depuis les bombes Orsini à nos gouvernants ? C'est elle qui nous a fait faire l'unité italienne et l'unité allemande, nos ennemies, et nous a brouillés longtemps avec la Russie, notre alliée naturelle.

On a le droit de dire, après cela, que *l'anticléricalisme, inspirateur de la franc-maçonnerie, est synonyme d'antipatriotisme.* Nous avons entendu, en 1870, des Français se réjouir de nos désastres, parce qu'ils nous ont valu la République anticléricale !

Puisse l'union franco-russe être le point de départ du relèvement politique et religieux de la France, et en même temps le prélude de la déchéance de la franc-maçonnerie, qui nous a valu les défaites combinées par l'Angleterre et réalisées grâce à l'appui des Loges ! Ce serait la disparition du premier danger qui menace la France.

Voici le second.

IV

Les Juifs.

Les Juifs ont été les premiers anticléricaux en date.

Meurtriers du Christ, ils furent les constants ennemis de son Église. On sait depuis quand et pourquoi.

Le grand prêtre Caïphe avait jugé que Jésus méritait la mort pour s'être dit le Fils de Dieu, et demandé à Ponce-Pilate, gouverneur romain de la Judée, la sanction de ce jugement. Pilate, ne voyant dans Jésus aucun crime, voulait le renvoyer. Le peuple s'y opposa en criant : *Crucifiez-le ! crucifiez-le !*

Or il était d'usage, alors, de gracier à la fête de Pâques un condamné à mort. Pilate désigna, pour cette faveur, Jésus et le voleur Barabbas, comptant bien que le suffrage populaire gracierait l'innocent. Au contraire, il acclama et délivra celui qu'il savait être un brigand.

« Que ferez-vous du juste Jésus ? demanda Pilate. — Crucifiez-le ! crucifiez-le ! vociféra le peuple, en ajoutant : Que son sang retombe sur nous et sur nos enfants. »

Pilate se lava les mains pour décliner toute responsabilité dans le crime populaire. Aujourd'hui, Juifs et francs-maçons se les frotteraient. C'est ce qu'ils font chaque fois que le suffrage universel, mené aujourd'hui par les grands prêtres de la Révolution et de l'anticléricalisme, rappelle de près ou de loin cet exemple de la sottise et de la perversité humaines.

Aujourd'hui, ne pouvant plus tuer le Christ, les Juifs veulent tuer son Église.

Méprisés des Romains, odieux aux chrétiens, les Juifs, au dire des historiens les plus sérieux, ont été périodiquement accusés et convaincus, autrefois, de meurtres d'enfants chrétiens. Les hommes de notre génération se souviennent de l'épouvantable assassinat du Père Thomas et de son domestique, le 5 février 1840, à Damas, en Syrie, par cinq Juifs notables qui l'avaient traîtreusement attiré ou plutôt invité en ami, pour vacciner un enfant. Les poursuites exercées par le consul de France, le comte de Ratti-Menton, amenèrent la preuve du double crime et les aveux des assassins. Le consul avait refusé cinq cent mille piastres offertes par les Juifs pour acheter son silence. Thiers, alors ministre, lui fit voter un juste tribut d'éloges par la Chambre des députés, le 2 juin.

Les Juifs d'Autriche et d'Egypte parvinrent à acheter à prix d'or la mise en liberté des assassins par le pacha. L'ancien rabbin Drach a reconnu que ceux-ci ont été soustraits à la vindicte des lois par les efforts réunis et l'or des Juifs de tous les pays.

D'innombrables faits analogues attestent, dans

l'histoire, la haine sanguinaire des descendants des pharisiens flétris par le Christ, et des partisans actuels du Talmud. On en trouvera maints exemples dans le livre de Des Mousseaux : *le Juif, le judaïsme et la judéisation des peuples chrétiens*.

Non seulement le Talmud permet, mais il recommande au Juif, dit Rohrbacher, de tromper et de tuer le chrétien quand il en trouvera l'occasion. On comprend, après cela, l'animadversion des chrétiens contre les Juifs, non seulement rapaces, insolents ou rampants, mais ne se faisant pas plus de scrupule de tromper ou tuer un chrétien, qu'ils n'ont de remords ou de repentir d'avoir tué le Christ. Aussi furent-ils souvent maltraités cruellement.

L'Église, par l'organe d'un grand nombre de ses papes, n'a cessé de les protéger dans le cours des siècles. Ils l'ont reconnu eux-mêmes dans une circonstance solennelle. Avigdor, président du grand Sanhédrin assemblé à Paris le 5 février 1807, a prononcé un important discours à ce sujet.

« Dans différents temps, a-t-il dit, les pontifes romains ont protégé et recueilli dans leurs États les Juifs persécutés et exilés des différentes parties de l'Europe. »

Après en avoir énuméré longuement les exemples et les preuves, il a ajouté : « Le peuple d'Israël, toujours malheureux et presque toujours opprimé, n'a jamais eu l'occasion ni le moyen de *manifester sa reconnaissance pour tant de bienfaits*. Depuis dix-huit siècles, la circonstance où nous nous trouvons est la première qui se soit présentée *d'exprimer les sentiments dont nos cœurs sont pénétrés.*

« Empressons-nous donc, Messieurs, de profiter de cette occasion mémorable pour payer à l'Église catholique *le juste tribut de la reconnaissance que nous lui devons pour les bienfaits dont elle a comblé les générations qui nous ont précédés.* »

L'assemblée a applaudi au discours de M. Avigdor, et adopté l'arrêté suivant :

« Les députés de l'empire français au synode hébraïque décrété le 30 mai dernier, pénétrés de reconnaissance *pour les bienfaits successifs du clergé chrétien dans les siècles passés,* en faveur des Israélites,

« Arrêtent que l'expression de ces sentiments sera consignée dans le procès-verbal de ce jour, pour qu'elle demeure à jamais comme *un témoignage authentique de la gratitude des Israélites* de cette assemblée[1]. »

Ce témoignage aussi explicite que solennel est confirmé par un dicton du moyen âge.

Déjà, les Juifs eux-mêmes appelaient Rome *le paradis des Juifs.* Voltaire a écrit : *Il n'y a guère que Rome qui les ait constamment gardés. Ils sont aussi constamment restés à Avignon, parce que c'était terre papale*[2].

Ils furent chassés de partout ailleurs : d'Angleterre, de l'Autriche, de l'Espagne, de la Pologne, de la

1. *Lettre aux israélites,* publiée en 1886 par les abbés Lemann, juifs convertis.

2. *Essai sur les mœurs,* chap. CIII.

Russie, etc. *Étrangers partout, sans patrie*, dit Renan, *les Juifs ont été un fléau pour les pays où le sort les a portés.*

Réfractaires à toute espèce de travail, on fit toujours de vains efforts pour les attacher au sol, à l'agriculture ou à l'industrie. La mendicité ou la contrebande chez les uns, l'usure ou la banque chez les autres, étaient leur élément habituel et favori, le lucre leur but. Sans rien produire eux-mêmes, ils s'enrichissaient du travail des autres.

En France ils furent longtemps tolérés, mais l'opinion publique les fit bannir deux fois au quatorzième siècle. Ils y revinrent plus tard.

La Révolution française les émancipa ; l'Assemblée Constituante leur accorda leurs droits civils et politiques, non sans difficulté, à cause de leur esprit envahisseur et cupide bien connu. Dans la séance du 23 décembre 1789, Maury s'était oppposé à leur admission par cette raison péremptoire :

« Le mot Juif n'est pas le nom d'une secte, mais d'une nation, *d'un peuple* qui a des lois, qui les a toujours suivies et qui veut toujours les suivre. Appeler les Juifs des citoyens français, ce serait comme si l'on disait que, sans cesser d'être Anglais et Danois, les Anglais et les Danois peuvent devenir citoyens français. Les Juifs ont traversé dix-sept siècles sans se mêler aux autres peuples. Ils ne doivent pas être persécutés, ils sont hommes, ils sont nos frères. Qu'ils soient donc protégés comme individus, et non comme Français, parce qu'ils ne peuvent être citoyens. » Maury aurait pu ajouter : *et ne le deviendront jamais. Ils en accepteraient les avantages, jamais les charges, les devoirs et le patriotisme. Par leur esprit, leurs traditions, ils sont restés et resteront des sans patrie.*

L'Assemblée Constituante le comprit si bien que pendant deux ans elle résista à quinze assauts répétés du parti juif. De guerre lasse elle céda, la veille de sa disparition, malgré l'opinion publique et les pétitions des marchands et négociants français.

« Les Juifs n'étaient alors que cinq cents à Paris. Mais en France comme dans toute l'Europe ils avaient déjà à leur service une armée de conspirateurs gagés, organisés en sociétés secrètes : la franc-maçonnerie. Les vingt-quatre orateurs qui plaidèrent leur cause à la Constituante étaient tous francs-maçons [1].

Aujourd'hui ils sont implantés en France; ils y sont accourus de tous les pays du monde comme sur une riche proie. Ils nous ont envahis, et les voilà nos maîtres.

Ils ont pris en effet une influence prépondérante dans la Banque et les affaires de Bourse, si importantes. Elles leur ont valu d'immenses richesses qui menacent, par leur excès même, de devenir un danger public. Aussi l'antique hostilité contre les Sémites tend-elle à se raviver en Europe. Les scandaleuses fortunes de ces agioteurs se chiffrent souvent par centaines de millions.

---

1. Dupont, *la République universelle.*

Aujourd'hui les Rothschild ont la haute main à la Banque de France et dans toutes les affaires financières. C'est à leur instigation que le gouvernement a ruiné l'*Union générale*, qui leur faisait ombrage, et a fait perdre par là un milliard à l'épargne française. Les Rothschild, seuls, possèdent trois milliards. Ils n'avaient rien il y a cent ans. La rançon de la France, en 1871, leur a rapporté un demi-milliard de commission. Chaque emprunt les enrichit scandaleusement aux dépens du pays. Les Juifs, dit Drumont, ont acquis les deux tiers de la fortune de la France, soit dans les tripotages ou coups de Bourse auxquels ont donné lieu les emprunts à jet continu, soit dans des escroqueries particulières comme les Honduras, les krachs de l'Union générale et du Comptoir d'escompte, les Immeubles, le Panama, la Banque d'escompte, etc.

Pour qui sait la puissance démoralisante de l'argent, le danger né de cette situation, pour la France, est déjà grand quand on connaît les détenteurs du métal corrupteur. Mais il apparaîtra bien plus formidable encore quand on saura que les Juifs, puissants par leur or, le sont doublement parce que, grâce à lui, ils sont les inspirateurs et les maîtres de la franc-maçonnerie; que celle-ci est une armée à leurs ordres, que tous ses chefs sont Juifs, en un mot, qu'elle est une institution juive et, par suite, *cosmopolite*, c'est-à-dire hostile à l'idée de *frontières*, c'est-à-dire *sans patriotisme*.

En tant qu'anticléricale seulement la franc-maçonnerie a déjà faussé l'opinion, sous le rapport religieux, par les institutions laïcisées, l'histoire falsifiée et les journaux subventionnés. Mais en tant que judaïque elle règne plus encore, non seulement à la Bourse, à la Banque de France et au ministère des finances, mais au ministère de l'intérieur, dirigé par le Juif Raynal.

Mais à ce compte, direz-vous, la France est entre les mains et à la merci des Juifs? C'est bien leur prétention. Ce qui précède la justifie déjà; mais écoutez encore.

On trouve dans l'ouvrage de Dupont : *la République universelle gouvernée par les Juifs*, l'organisation de la franc-maçonnerie.

Dans la liste des *inspecteurs généraux en mission permanente*, on lit : « *Pour les relations générales d'Angleterre, de France et d'Allemagne :* DOCTEUR CORNÉLIUS HERZ, A PARIS *(domicile attitré)*.

« Ainsi Cornélius Herz, dont les journaux d'Amérique ont raconté la bassesse et les turpitudes de ses débuts dans la vie, a réussi, grâce aux Juifs et aux Loges, à être transformé en un personnage important, écouté des ministres et orateurs influents du Parlement français. Cela explique ses relations avec Freycinet, ministre de la guerre, qui l'a fait nommer grand officier de la Légion d'honneur. Cela explique comment cet agent de l'Angleterre se moque de la France à Bournemouth, comment les Rouvier, les Clémenceau, les Floquet, etc., n'avaient qu'à prendre ses ordres. »

Le siège de l'autorité suprême dogmatique était à Charleston, en Amérique.¹ Albert Pike en était le pape unique. Le centre administratif était et est encore en Allemagne, à Berlin. Depuis Mazzini, la haute direction politique part de Rome. Actuellement elle y est réunie, par suite d'un schisme, à une seconde autorité dogmatique, dans la personne du sieur Adriano Lemmi, autrefois chrétien et qui s'est fait juif. A vingt-deux ans il avait été condamné à Marseille à un an et un jour de prison pour vol. C'est le pape de la franc-maçonnerie européenne. Sa nomination a coûté, assure-t-on, des millions à la Banque italienne. Le général Foy voyait dans le jésuitisme *une épée dont la garde est à Rome et la pointe partout.* Il dirait aujourd'hui : *La puissance judéo-maçonnique est une épée dont Rome, Londres et Berlin tiennent la garde, et dont la pointe est tournée contre la France.*

Le Juif Crémieux, ministre des finances, avait dit en 1861 : *En la place des Césars et des Papes va surgir un nouveau royaume, une nouvelle Jérusalem.* C'est fait.

Michelet avait donc raison quand il disait des Israélites : *De soufflets en soufflets, les voilà maîtres du monde.* L'Allemagne, l'Autriche et la France sont judaïsées.

Déjà, en 1847, Toussenel l'avait démontré dans son remarquable ouvrage : *les Juifs rois de l'époque,* et Drumont dans son œuvre retentissante : *la France juive.*

Les cléricaux français n'ont pas été les seuls à y voir clair et à jeter le cri d'alarme.

2.

En 1862, un protestant allemand, franc-maçon mais bon patriote, comme le sont en France bien des dupes de la secte, signalait dans les *Feuilles historiques et politiques* de Munich le danger de la puissance judéo-maçonnique.

« Comme Londres, disait-il, Rome a une Loge exclusivement composée de Juifs. C'est là qu'aboutissent, comme dans un bureau télégraphique, les fils des trames révolutionnaires ourdies dans les diverses Loges du monde. De là elles sont dirigées par des chefs inconnus ; de sorte que la plupart des révolutionnaires des pays chrétiens ne sont que des marionnettes mises en mouvement par les Juifs, à l'aide de ressorts mystérieux. »

L'auteur termine en faisant des vœux pour que les chefs d'État finissent par comprendre que cette maçonnerie secrète n'a d'autre but que de révolutionner et républicaniser les peuples dans l'intérêt du judaïsme.

Plus et mieux que personne, M. des Mousseaux avait, en 1869, dénoncé et prouvé la conspiration judaïque qui mettait l'Europe en péril d'être, avant un demi-siècle, absorbée dans une république universelle gouvernée par les Juifs, selon le plan des Disraëli et des Palmerston. Un prince de la haute banque acheta l'édition entière pour la mettre au pilon. Comme un immense succès était prévu, l'éditeur s'était réservé, par un traité, le droit exclusif de nouvelles éditions pendant vingt-cinq ans. Le prince de la finance indemnisa l'éditeur de la perte supposée.

L'auteur, qui tenait à son œuvre au point de vue de la propagande, cherchait le moyen de ne point attendre l'expiration du traité pour la rééditer lui-même. Il eut l'imprudence d'en parler et se vit assailli de lettres de menaces. Le 4 octobre 1876, il communiquait à un de ses amis, son hôte ce jour-là, un billet anonyme lui annonçant sa condamnation. Le lendemain, 5 octobre, M. des Mousseaux mourait subitement.

Nous rendons ici à la mémoire de cet homme de bien et de ce savant érudit, qui voulait bien nous honorer de son amitié, l'hommage d'admiration et de regrets qui lui sont dus.

Le lecteur sans parti pris doit être, à présent, édifié sur les deux catégories d'anticléricaux d'aujourd'hui : les francs-maçons et les Juifs.

Du côté des francs-maçons simples le danger est purement religieux, moral et scientifique : c'est la lutte contre Dieu et son Christ, antiques assises de la société, et contre l'Église leur organe ; c'est la lutte de l'erreur et de l'histoire falsifiée contre la vérité, la morale, la justice et la liberté des chrétiens.

Du côté des Juifs le danger est matériel, politique et national. Ce peut être la fin de la France, mais ce peut être aussi son salut par la claire vue du danger qui la menace, si on l'envisage froidement et résolument.

Les Juifs sont favorables à l'Allemagne et à l'Angleterre, nos ennemies, où ils trônent ; ils sont hostiles à la Russie, notre alliée naturelle, qui les expulse parce qu'elle est clairvoyante. Ils empêchent ou entravent ses emprunts. Par là ils peuvent compromettre le sort de notre patrie en cas de guerre. Les anticléricaux ont-ils pensé à cela?

Dans des temps comme le nôtre, n'est-il pas à craindre aussi que des millions offerts en quantité suffisante fassent taire certains scrupules du patriotisme, comme chez les Clémenceau et tant d'autres, dévoilés à propos des scandales du Panama? Dans ce cas, à quoi nous serviraient la mort héroïque et même les triomphes de nos soldats sur les champs de bataille, si l'or de nouveaux Reinachs allemands, si la diplomatie de nouveaux Cornélius Herz anglais remportaient, sur nos hommes d'État et dans nos ministères, des victoires qui annuleraient ces triomphes?

On peut juger de la reconnaissance et du patriotisme des Juifs cosmopolites par leur délicatesse et leur reconnaissance envers l'Église pour ses bienfaits d'autrefois, si solennellement reconnus par Avigdor au grand Sanhédrin de 1807. Après avoir réclamé pendant des siècles l'égalité des citoyens et la tolérance, ils règnent aujourd'hui et traitent les catholiques en parias. Leur ancêtre Judas Iscariote n'avait-il pas vendu son Maître? Leur arrogance augmente tous les jours, comme s'ils croyaient déjà toucher au but qu'ils rêvent : la domination du monde.

Ils exploitent habilement le mouvement socialiste. Il sert admirablement leurs plans, car il a pour conséquence finale l'absorption de toutes les propriétés par l'État. Or, comme l'État et la fortune publique tendent à devenir partout, et sont déjà en grande partie, en France, le domaine des Juifs, le socialisme doit aboutir fatalement, selon le plan de Disraëli, au règne des Juifs, *chefs de la république universelle.*

Pour tous ceux que n'aveugle pas le fanatisme anticlérical, *la cessation de l'influence judéo-maçonnique est la condition du salut de la France.* Ce salut est-il encore possible ? Dieu seul le sait. Humainement la raison dit : Non. Les mailles du réseau qui enserrent notre patrie sont trop nombreuses et trop serrées. La pieuvre anticléricale ne lâchera pas sa proie. Elle ne le pourrait pas sans se suicider.

Nos hommes d'État sont entre les mains de la féodalité judéo-maçonnique. Ils ne peuvent rien contre elle, à cause du côté financier des affaires du monde. On sacrifiera aux Juifs non seulement le Christ et son Église, ce qui est déjà fait, mais même l'alliance russe qui est notre sauvegarde, *pour garder leurs milliards.* On ne pourrait pas faire un emprunt important sans eux, et surtout combattu par eux.

Que Dieu sauve la France ! Il l'a déjà fait une fois par la cléricale Jeanne d'Arc. Aujourd'hui, contre l'aveuglement d'un peuple entier, il faut autre chose. Un cataclysme social sera-t-il de trop pour ouvrir les yeux ? Et serions-nous à la fin d'une époque ?

Si les honnêtes gens affiliés à la franc-maçonnerie connaissaient le but secret de cette puissance occulte, ils en sortiraient en masse et avec éclat pour ne pas être solidaires de ses agissements.

Après l'exposé du rôle des anticléricaux dans le présent, examinons les raisons et les prétextes qu'ils donnent de leur conduite et de celle de leurs devanciers dans le passé.

V

La force et la persuasion.

Avant d'aborder le parallèle de l'influence chrétienne et de l'influence anticléricale dans tous les temps, nous voulons exposer les raisons que nos adversaires donnent de leur antagonisme et celles qu'ils taisent.

Admirateurs aveugles ou intéressés de la Révolution, ils ne cessent de parler du péril clérical pour détourner l'attention. Il ne serait un péril que pour ces flatteurs du peuple qui bénéficient de l'ordre social créé par eux.

Si on se donnait la peine de réfléchir on se dirait que le danger vient toujours du côté de celui qui a la force. Or, ce sont eux qui la détiennent et s'en servent pour opprimer leurs adversaires. Ils ne veulent de liberté que celle qui leur profite. Hors de là, ils se servent du mot comme d'une enseigne pour duper les naïfs.

Selon le vœu de Gambetta : *Le cléricalisme est traité en ennemi.*

— *Nous avons la force, profitons-en*, disait Jules Ferry.

Paul Bert disait à son tour : *Je ne consentirai*

jamais à donner au prêtre la même liberté qu'à un simple citoyen.

Ranc dit carrément : *On ne discute pas avec ses adversaires, on les supprime.*

C'est ce que voulait faire Challemel-Lacour, alors proconsul de Lyon, lorsque, oubliant ce qu'avaient été ses aïeux, il écrivait froidement en marge d'un rapport : *Fusillez-moi tous ces gens-là.*

Goblet a fait aussi tirer des coups de fusil sur les religieuses.

La prétention la plus anodine des anticléricaux a été formulée ainsi par un député à la tribune : *Débarrassons-nous de ce qui nous gêne.*

Aussi ces dictateurs déguisés en faux libéraux s'attribuent-ils le droit d'*octroyer* les privilèges et de refuser les libertés à qui leur plaît.

Écoutez plutôt l'instructive conversation suivante entre trois personnages marquants de l'anticléricalisme.

Au temps de l'Assemblée nationale à Versailles, il fut un jour question, dans la *Salle des Bustes*, du droit d'association. Clémenceau, Lockroy et Floquet exprimèrent tout haut leurs sentiments sur ce problème législatif et social :

« La grosse difficulté, disaient-ils, c'est d'*octroyer* cette liberté sans qu'elle puisse se retourner *contre nous*. La République ne doit pas donner des verges pour se faire fouetter. C'est ce qu'elle ferait si les sociétés religieuses, déjà si fortement unies par la puissance hiérarchique, pouvaient, sous la garantie de la loi, prendre leur envahissante expansion.

« L'Église est la plus formidable *Internationale* qui soit au monde. Déchaînée et *libre*, elle dominerait et absorberait toutes les forces vives des sociétés civiles, elle serait vraiment la reine du monde, et les fils de Voltaire n'auraient plus qu'à se faire moines et à baiser la mule du Pape. »

Ces Messieurs ne concluaient point ce beau discours, et M. Saint-Loup, qui l'a publié[1] sans avoir été contredit, le leur fit remarquer.

— « Eh bien, oui, lui répondit le plus naïf des trois : *liberté pour tous, asservissement pour l'Église*, voilà le programme des vrais républicains. »

On l'avoue : *déchaînée et libre, l'Église serait la reine du monde*. Il faut l'en empêcher par tous les moyens, il faut l'enchaîner et l'asservir, sous le prétexte que les fils de Voltaire baiseraient la mule du Pape, comme si jamais personne y avait été contraint. Ah! s'il s'agissait des bottes de Rothschild, à la bonne heure.

Mais la véritable raison que cachent ces Messieurs c'est qu'ils ne peuvent lutter avec avantage par le dévouement et la persuasion. Ils ont besoin de la force pour rester les maîtres du pouvoir. C'est par elle qu'ils sont arrivés, c'est par elle qu'ils entendent se maintenir.

L'Église, loin d'avoir triomphé par la force, avait vaincu par la persuasion seule après trois siècles de

---

1. Dans le journal *l'Église de France* du 1er mars 1891.

martyres de millions de ses enfants. Jamais elle n'a dominé et régné que par elle. Comment en eût-il été autrement ? Elle n'a jamais eu la force matérielle, et elle n'a jamais pu obtenir l'appui de la société civile que par la persuasion aussi, c'est-à-dire en ayant raison. Les esprits superficiels ne font pas cette réflexion pourtant si simple. L'Église est une autorité *persuasive*, a dit Fénelon. Quand elle cesse de persuader elle cesse de régner. A la libre soumission envers elle succède alors la libre indifférence ou la libre hostilité, comme aujourd'hui. Elle n'a d'action sur la société et les individus que par son enseignement, par sa parole. Chacun est libre de la contredire, de la méconnaître, de la calomnier.

Les anticléricaux ne s'en font pas faute. Mais ils devraient s'arrêter là s'ils avaient un peu de pudeur. Au lieu de cela ils emploient la violence, la spoliation, l'amende, la prison contre elle qui n'a que la parole, quand on ne la bâillonne pas. Où donc est le péril du côté de l'Église ?

<h2 style="text-align:center">VI</h2>

Les anticléricaux ne veulent pas de la lumière et de la liberté.

Il y en a un que les anticléricaux ne peuvent avouer : c'est la crainte que leurs véritables mobiles soient dévoilés par le grand jour de la libre discussion. Il faut donc l'étouffer pour prévenir un retour de l'opinion publique. La société moderne désabusée pourrait finir par reconnaître que le remède à ses maux ne peut être dans les programmes menteurs de ces nouveaux pharisiens qui les ont causés, mais dans une nouvelle application sociale de l'Évangile qui a déjà guéri le monde.

Voilà pourquoi nos adversaires ne veulent pas de la liberté de la parole et de la plume, de la liberté du culte, de la liberté d'enseignement, de la liberté d'association. Toutes ces libertés existent dans la République protestante des États-Unis. Les sectaires anticléricaux les interdisent en France, ou leur suscitent mille difficultés. Et ils parlent de liberté, et ils accusent l'Église d'intolérance et de domination !

Thiers avait voulu une république sage et tolérante, aussi la voulait-il *sans les républicains*, qu'il connaissait. De fait, avec des hommes honnêtes, partisans sincères de la liberté *pour leurs adversaires comme pour eux-mêmes*, ce régime eût pu rallier tous les Français. Mais le radicalisme, la franc-maçonnerie, la juiverie, variétés diverses de l'anticléricalisme, envahirent le pouvoir. On est tombé des Dufaure, des Decazes et des Jules Simon, aux Ferry, aux Floquet, aux Rouvier, aux Bourgeois, aux Burdeau, aux Clémenceau. Aussi l'on sait ce que députés, sénateurs et ministres ont fait de la liberté religieuse en France, sans parler de son honneur et de ses intérêts politiques.

VII

La liberté comme en Amérique.

Il faut dire qu'en France on se laisse mener par des mots.

« Pourvu qu'on parle au peuple de liberté et d'égalité, disait Napoléon, on peut l'opprimer à son aise et lui faire payer jusqu'à son dernier sou. »

Nul ne le sait mieux que les politiciens de l'anticléricalisme qui entretiennent soigneusement à leur profit la confusion entre la *souveraineté du peuple* et la *liberté des citoyens.*

« En Amérique, a dit M. Laboulaye, on est plus clairvoyant et plus positif. On distingue les droits, les intérêts *individuels* et les intérêts *généraux.*

« On a mis en dehors de l'ingérence législative et administrative l'école, l'Église, la presse, le jury, les droits de la conscience, ceux d'association et de réunion, en un mot tout ce qui assure la *liberté individuelle.* On n'a confié au Congrès que le règlement des intérêts *communs.* Le Congrès peut faire des lois de douanes, autoriser la création de chemins de fer, s'occuper de l'armée, de la marine, des impôts, etc., mais il ne peut pas sortir de la limite des intérêts *publics.*

« Tout ce qui touche à la liberté *individuelle* du citoyen lui échappe dans l'ordre religieux ou scolaire comme en tout. De là cette pleine sécurité, cette pleine liberté dont jouit le citoyen américain, et qui manque absolument en France aux conservateurs et surtout aux hommes religieux.

« Chez nous, la majorité au pouvoir, animée de passions mesquines et fanatiques, s'est donné pour mission de persécuter ceux qui ne pensent pas comme elle. Elle en fait une classe de parias.

« Le Parlement se croit souverain en tout. Pendant quatre ans le peuple lui a délégué un pouvoir dont il fait ce qu'il veut. Il opprime la minorité. C'est le despotisme le plus complet et le plus brutal. Les ministres ne sont que les serviteurs du Parlement, de ses caprices, de ses préjugés, de ses haines.

« Mais que dire à des hommes qui admirent la Convention de 1793, et regardent avec dédain le gouvernement libéral de 1830? »

M. Laboulaye a raison. Il a donné la vraie formule de la liberté effective. Le gouvernement ne doit exercer son pouvoir qu'en vue des intérêts *généraux* de la nation, dont l'individu ne peut se charger. Nul n'est meilleur juge que le citoyen lui-même de ses intérêts *particuliers*.

Mais les anticléricaux veulent être les maîtres en tout. Ils disent comme Tartuffe : *La maison est à nous, c'est à vous d'en sortir.*

VIII

Les liberticides.

Ils appliquent les lois, disent-ils. Mais ils font *ad hoc* les lois et les décrets liberticides pour se donner la faculté de persécuter légalement et à leur aise. C'est ce qu'a fait la Convention, en violation des articles IV, V et VII de la Déclaration des Droits de l'homme. C'est ce qu'a fait l'infâme Commune. En ce cas la loi-elle-même est un crime puisqu'elle est faite exprès pour tuer la liberté. C'est l'hypocrisie jointe à la violence. Dans le duel entre nos adversaires et nous ils décrètent qu'eux seuls seront armés.

Voltaire qualifiait la condamnation à mort de Lally Tollendal d'*assassinat commis avec le glaive de la justice*. C'est le système des anticléricaux qui forgent des lois pour opprimer leurs adversaires. Ç'a toujours été le rôle des pouvoirs ennemis de l'Église.

On veut la mort des congrégations religieuses qui sont des refuges de la science et de la prière; on favorise les Loges qui sont des congrégations politiques inspirant des lois liberticides contre les premières.

L'inique *droit d'accroissement* décrété à l'instigation de Brisson en est un exemple.

Le journal *le Temps* lui-même l'a qualifié de *confiscation déguisée*. Et l'austère Brisson a osé demander en quoi les catholiques ont à se plaindre! Est-ce inconscience? Est-ce hypocrisie?

IX

Pourquoi l'État protégeait l'Église autrefois.
Comment il pratique la liberté aujourd'hui.

Pour justifier leur hostilité contre l'Église les anticléricaux disent que si elle n'a pas employé la force matérielle qui n'est pas dans ses attributions, le pouvoir civil la soutenait et la défendait par des moyens coercitifs aussi.

Sans doute, mais pourquoi? Parce qu'il voyait, avec raison, dans la religion chrétienne le fondement de la morale. La rénovation individuelle et sociale n'avait-elle pas été due au christianisme? L'opinion publique, c'est-à-dire le suffrage universel d'alors, considérait la religion comme le premier bien social. Peuples et princes, reconnaissants envers l'Église, son organe, la protégeaient par les lois. L'État sévissait contre ses agresseurs comme factieux, ennemis de la paix et de l'unité nationales.

Que la répression ait été parfois rigoureuse ou inopportune, cela n'ébranle pas le droit et le devoir qu'il avait de défendre la religion de l'État. Aujourd'hui il n'y en a plus. L'État actuel l'a remplacée *nominalement* par le principe de la liberté. En vertu de ce principe nouveau la justice et la logique l'obligeraient à rester neutre et à respecter la liberté *de tous*. Il la viole en *fait* en substituant arbitrairement à l'ancienne religion d'État qu'il opprime l'*irréligion d'État* qu'il favorise. Nous en verrons plus loin les conséquences sociales. En attendant, voici quelques détails significatifs.

Des jeunes gens sont repoussés des concours, malgré leur capacité, parce qu'ils sortent des écoles religieuses libres. Le ministre, interpellé, répond que l'exclusion tient, non à leur origine scolaire, mais aux opinions politiques de leurs parents. C'est pire encore. Aucun gouvernement n'a refusé l'entrée des concours et des carrières publiques aux fils de ses adversaires.

La liberté de l'enseignement supérieur avait été instituée en 1850 sous le ministère du *clérical* de Falloux, avec l'appui de Thiers et de Victor Cousin, non cléricaux, mais sincèrement libéraux. Le certificat d'études était supprimé, le privilège universitaire aboli. Pour la première fois il suffisait, aux examens, que l'élève montrât son savoir, sans être tenu de dire où il l'avait acquis.

Un de nos ministres, anticlérical, s'est engagé, devant ses électeurs, à faire ses efforts pour rétablir le certificat d'études, c'est-à-dire le privilège d'ôter le droit d'enseigner aux religieux, sous le prétexte que *leur royaume n'est pas de ce monde.* Il voudrait même leur ôter le droit de voter, en un mot, créer en France une classe de parias.

Si on ne connaissait pas les anticléricaux, ce serait d'autant plus surprenant qu'un de leurs coryphées, Challemel-Lacour, a fait à la Chambre des députés, le 4 décembre 1874, cet aveu explicite :

« Nul doute que, dans les Universités catholiques, la science ne soit sincèrement enseignée ; nul doute que la médecine, le droit, les humanités, les sciences n'y soient professés *avec une rare supériorité.* Le clergé en général, et le clergé catholique en particulier, a un *don d'enseignement* que tout le monde admire et auquel, pour ma part, je suis le premier à rendre hommage. »

La conclusion naturelle est qu'il serait inique de refuser à de tels instituteurs la faculté d'enseigner. Mais on ne veut pas de la concurrence, on veut le privilège. Pour donner le change au public on dira que les cléricaux sont ennemis des institutions ou qu'ils ne s'y rallient que pour participer au pouvoir qu'on veut garder seul. Nous aimons mieux la brutale franchise de Jules Ferry : *Nous avons la force, profitons-en.*

Lors des décrets qui portent son nom, les procureurs généraux furent chargés de convoquer les fonctionnaires civils et militaires de leur ressort, pour leur recommander d'appuyer les lois scolaires non seulement de leur influence, mais aussi par leur exemple en envoyant leurs enfants aux écoles laïques.

Parmi les fonctionnaires convoqués par le procureur général N..., se trouvait le général B..., intendant divisionnaire, catholique sincère. Avec sa rondeur et sa franchise militaires il ne put s'empêcher de répondre aux communications qui lui étaient faites : *Mais, Monsieur le Président, et la liberté de conscience, qu'est-ce que vous en faites ? Et le droit des parents de faire élever leurs enfants comme ils l'entendent, qu'est-ce que vous en faites ? Quant à moi, je ne vous cache pas que je continuerai à user de mon droit et de ma liberté.*

Puis, prenant son képi, il se retira en saluant l'assistance.

Huit jours après, il était disgracié pour avoir invoqué la liberté, et envoyé au Tonkin [1].

S'agit-il des associations, les sociétés maçonniques sont protégées, les associations religieuses sont traquées, gênées par mille entraves qui atteignent même la liberté du domicile et le droit de posséder. Nous l'avons vu à propos du nouvel impôt appelé *droit d'accroissement*. L'inique loi sur les fabriques est une dernière preuve que dans la bouche des anticléricaux la liberté est une étiquette menteuse.

Sous leur régime la justice n'est pas mieux traitée que la liberté.

Chaque année on restreint le budget des cultes, qui n'est qu'une faible indemnité annuelle du capital

---

1. Le général et la générale s'étaient liés avec Paul Bert. Pendant la maladie de ce dernier, le général l'engagea à recevoir la supérieure des Sœurs, que le gouverneur avait en grande estime. Il accepta avec empressement. Pendant trois jours il dit régulièrement ses prières avec la religieuse. Il avait manifesté le désir de voir Mgr Puginier, qui devait recevoir sa confession. Monseigneur se tenait prêt au premier appel, lorsque la maladie s'aggrava subitement. Paul Bert ne pouvant plus manifester sa volonté, son gendre, M. Schayer, prit brutalement la religieuse par le bras et la mit à la porte, en disant : « Mon beau-père mourra comme il a vécu. »

Ranc avait rendu le même service à Gambetta et Diderot à Voltaire. « Sans moi, Voltaire faisait le plongeon, » disait Diderot.

pris à l'Église à cette condition, garantie par le gouvernement révolutionnaire lui-même, et stipulée par le Concordat. N'importe. On a pris le capital, et on s'attribue le droit de rogner arbitrairement le revenu. On coupe les vivres à de pauvres ecclésiastiques en confisquant leur traitement *qui est une dette.* C'est la loi du plus fort.

Cela explique pourquoi les anticléricaux ne veulent pas de la séparation de l'Église et de l'État. Ils ne pourraient plus la tenir sous leur férule. La séparation l'affranchirait. L'exemple de la Hollande, de l'Angleterre, des États-Unis atteste que sous ce régime l'Église fait d'énormes progrès, par le fait seul de sa libre action et de ses mérites appréciés ; on a peur qu'avec la liberté il n'en soit de même en France. On pactise avec les grévistes meurtriers de Carmaux parce qu'on les craint ; on violente les cléricaux qui ne descendent pas dans la rue.

Au théâtre, la Censure a interdit le *Pater* de Coppée, qui donnait un beau rôle à un prêtre. Il en a été de même de *Thermidor.* On ne veut à aucun prix que le peuple sache la vérité sur la Révolution française.

X

Les deux ostracismes.

Un naïf nous dit un jour : L'Église ne se borne pas à exprimer sa pensée, sa croyance, sa volonté, elle les impose. Elle blâme, juge et condamne ceux qui

les repoussent. La société civile l'imite en la jugeant
et en la condamnant à son tour.

Il n'y a pas similitude. L'Église juge et condamne
moralement. Ses jugements n'ont pas de sanction
pénale comme ceux des tribunaux civils. La peine la
plus sévère édictée par elle est l'excommunication.

Or, les anticléricaux, qui s'excluent eux-mêmes
de l'Église, se vantent de se moquer de cet ostra-
cisme. En quoi donc gêne-t-elle leur liberté ? Eux
recourent à la violence et font des lois dans ce but.
Il n'y a pas d'analogie entre les jugements ecclésiastiques et les jugements civils.

C'est ce qui faisait dire à Montesquieu : *La force
de la religion vient de ce qu'on la croit, la force
des lois humaines vient de ce qu'on les craint.* Encore une fois l'Église, société spirituelle, est une
autorité *persuasive* ; la puissance temporelle est une
autorité *coactive*. Nos armes sont spirituelles, a dit
Léon XIII.

XI

Responsabilités imputées à tort à l'Église.

Mais la foule est incapable de s'élever à la hau-
teur de ces distinctions philosophiques, et elle con-
tinue d'accuser l'Église de persécution et de cruautés
dans le passé. C'est montrer une ignorance complète
de son histoire, de son esprit et de ses lois.

Au temps de sa prépondérance elle avait aboli, par
son droit canonique, les supplices du droit pénal
romain, barbare ou féodal. Elle avait proscrit, pour

les délits religieux, la peine de mort, la mutilation, la brûlure, le fouet, le carcan, le pilori, toutes les peines afflictives et infamantes. Elle n'appliquait de peines correctives qu'à ceux qui se soumettaient à son jugement. Les autres sortaient de son sein comme Luther et Calvin, Dœllinger ou le P. Hyacinthe. Un jurisconsulte éminent, Albert Du Boys, a fait la lumière sur cette question.

Ce sont les légistes de Philippe le Bel, *ennemi de l'Église*, qui, au quatorzième siècle, sont revenus au droit pénal romain, à la torture et aux supplices. C'est ce roi faux-monnayeur qui a fait brûler les Templiers et leur chef Jacques Molay pour s'approprier leur immense fortune. Ce sont les juges laïcs de Louis XV qui ont fait brûler Calas et La Barre au siècle de Voltaire. C'est Voltaire lui-même qui se frottait les mains de ce que son disciple Pombal avait *un peu pendu*, croyait-il, vingt jésuites à Lisbonne. Le faux bonhomme, trompé par son ami d'Argental, se trompait des dix-neuf vingtièmes. Le Père Malagrida, seul, avait été condamné au bûcher, sous prétexte d'hérésie, par le ministre voltairien.

Ce sont les rois de France et d'Espagne qui portent la responsabilité des *auto-da-fé* et des *chambres ardentes*, car les papes se sont élevés contre ces cruautés. Ils ont arraché de nombreuses victimes à l'Inquisition par leur tribunal d'appel papal.

Michelet avoue, dans son *Précis d'histoire moderne*, que les tribunaux de l'Inquisition étaient à un tel point dépendants des princes, que Rome adressait en vain des représentations aux rois d'Espagne, de France et de Portugal, à propos de leurs rigueurs. Il cite Sixte IV, Innocent VIII, Léon X, leur rappelant la parabole du bon pasteur. Il ajoute que lorsque Charles-Quint voulut introduire l'Inquisition à Naples, le pape Paul III encouragea la résistance des Napolitains, en reprochant à l'Inquisition d'Espagne de s'éloigner des exemples de douceur que lui donnait celle de Rome.

Si des hommes d'Église ont participé aux cruautés des tribunaux civils, contrairement à leur devoir, ç'a été contre l'esprit de l'Église. On ne peut pas équitablement la rendre responsable de rigueurs qu'elle n'a pu empêcher. Les princes jaloux de leur autorité, comme Charles-Quint, François Ier, Philippe II, Frédéric II, Jean de Portugal et tant d'autres, invoquaient la raison d'État, la paix et l'unité nationales, pour justifier leur sévérité et repousser l'ingérence des Pontifes. La réponse de Philippe II au pape Pie V, qui lui reprochait les cruautés du duc d'Albe dans les Flandres, va jusqu'à l'impertinence. Nos adversaires ignorent tout cela ou le taisent.

L'Église, qui, selon Llorente lui-même, a excommunié l'inquisiteur de Tolède malgré les protestations de Charles-Quint, est hors de cause pour tout homme sincère et instruit. A propos des cruautés dont la chargent l'ignorance et la calomnie on confond l'institution du Christ avec quelques-uns de ses membres désavoués par elle.

Les anticléricaux de bonne foi ne se doutent pas

à quel point l'idée qu'ils se font de l'Église est en contradiction avec son esprit réel. Ceci nous rappelle un souvenir.

XII

Esprit de l'Église.

Un jour, le grand évêque d'Orléans disait à la Chambre des députés [1] :

« Nous avons créé, Messieurs, le capital de la charité sur la terre ; nous avons créé la charité elle-même. Avant le christianisme, le nom et la chose étaient également inconnus. Il n'y avait pas sur la terre un seul hospice, un seul hôpital, un seul asile pour les souffrances et les misères humaines. »

La gauche anticléricale crie : *Allons donc ! allons donc !*

Le grand évêque réplique : « On me répond, dans une langue que j'ignore : *Allons donc.* Je vous demande de me répondre avec la langue de l'histoire. Demandez aux historiens païens ce que devenaient, avant le christianisme, les indigents, les pauvres malades, les pauvres vieillards et les enfants, et ce qu'on en faisait. La pauvreté était une honte, et la compassion elle-même, les plus célèbres moralistes en avaient fait une faiblesse ; je ne dis pas assez : *un vice.* Ils définissaient la compassion *un vice du cœur. Misericordia animi vitium est.*

— *Exclamations à gauche.* « Qui est-ce qui a dit cela ?

1. Le 27 mars 1873.

— « Mon cher collègue, c'est Sénèque, dans son traité *De la clémence*.

(*Applaudissements et rires à droite et au centre. La gauche baisse la tête.*)

— « Un autre ancien, ajoute Mgr Dupanloup, dit qu'il faut être un sot ou un étourdi : *levem aut stultum*, ou un méchant : *nefarium*, pour livrer son cœur à la compassion. »

Les anticléricaux n'osent plus demander où cela se trouve, l'orateur paraissant connaître ses classiques mieux qu'eux. Gracieusement il leur indique l'oraison de Cicéron : *Pro Murena.*

— « Enfin le même philosophe résume ainsi sa pensée : « Le sage est sans compassion ; » *Sapiens non miseretur*. La vérité est donc, Messieurs, que nous avons créé sur la terre, non seulement le capital de la charité, mais la charité elle-même. Nous parlons avec force de philanthropie, de fraternité, d'humanité, nous oublions que c'est à Jésus-Christ, à son Église, que le monde doit de connaître ces sentiments et jusqu'aux noms sacrés qui les expriment. »

L'Église n'a pas seulement substitué la fraternité chrétienne à l'égoïsme paien ; dans tous les ordres le monde lui doit de la reconnaissance. Nous verrons tout à l'heure l'énumération de ses bienfaits aux temps où elle était écoutée. Les savants contemporains ont réparé par leurs aveux les ignorances et les calomnies de l'école de Voltaire sur le Moyen Age clérical, restaurateur de la science antique, père de la science moderne, berceau de la liberté.

XIII

Quel souci les anticléricaux ont de la vérité et de l'humanité.

Mais nos adversaires se soucient peu de la vérité historique, et ils continuent d'accuser l'Église à tort et à travers, comptant sur la crédulité populaire.

Au fond, ils n'ont pas davantage souci de l'humanité.

En veut-on la preuve ? Qu'il s'agisse des chrétiens, victimes dans tous les temps d'anticléraux, comme Néron et Dioclétien par exemple, cela leur importe peu. Ils approuvent ceux-ci de s'être débarrassés de prétendus perturbateurs en versant à torrents leur sang dans les amphithéâtres.

Ils se posent en avocats de la philanthropie parce qu'ils blâment, avec raison, le massacre de la Saint-Barthélemy, provoqué par Catherine de Médicis. Mais si vous voulez savoir ce que valent leurs semblants de philanthropie, parlez-leur de la Terreur et des exécutions du Comité de salut public. Là, les bourreaux et les assassins étant des leurs, les anticléricaux les approuvent encore. Ils n'ont plus un mot de pitié pour les victimes, pourtant mille fois plus nombreuses. Ces tueries font partie du *bloc* imposé aux confiants adeptes de la Révolution.

Ils évoquent la révocation de l'édit de Nantes, à la suite de laquelle soixante-sept mille protestants préférèrent émigrer plutôt que d'abjurer l'hérésie. Mais ils ne savent donc pas que les protestants formaient un État dans l'État, qu'ils faisaient alliance avec l'étranger, qu'ils avaient livré Dieppe et le Havre aux Anglais, qu'il fallut faire le siège de la Rochelle et autres villes du Midi pour les leur reprendre ?

Guizot, quoique protestant, a avoué que la crise religieuse du seizième siècle, c'est-à-dire le mouvement protestant, était *essentiellement révolutionnaire et antinational*.

Un document officiel, l'édit de Nantes lui-même, constate, dans son article LVII, que les protestants avaient volé les deniers publics, pillé les églises, levé des impôts, extorqué des contributions comme en pays conquis. Ils ont avoué implicitement ces faits en demandant à être, de ce chef, exempts de poursuites dans l'avenir.

Les anticléricaux, païens, protestants ou révolutionnaires, ont-ils jamais attendu d'aussi légitimes griefs pour sévir contre leurs adversaires, pour les envoyer à la mort par les bêtes féroces, la pistole ou la guillotine?

Qu'a donc été la Terreur, sinon une révocation sanglante de la Déclaration des droits de l'homme, qui stipulait dans son article x la liberté des opinions politiques et religieuses? Eh bien! indépendamment du petit corps insignifiant d'émigrés *volontaires et hostiles*, dont riaient les républicains eux-mêmes, cent vingt-deux mille Français abandonnèrent leur patrie pour fuir la persécution et échapper à la mort

Ici encore ce sont les victimes qu'on insulte et les persécuteurs qu'on exalte.

En sauvant leur tête par l'émigration, les royalistes perdaient leur fortune confisquée. Les protestants avaient conservé la leur.

Il ne faudrait pas, d'ailleurs, confondre Catherine de Médicis et Louis XIV avec l'Église, qui a flétri la Saint-Barthélemy et blâmé l'édit de révocation. On ne devrait pas ignorer non plus que l'amiral Coligny avait fait assassiner le duc François de Guise par Poltrot de Méré ; qu'il complotait et préparait, avec son puissant parti, un massacre des catholiques. Ceux-ci n'ont fait que les prévenir. On peut lire les détails de ce complot, qui eut un commencement d'exécution, dans l'ouvrage : *les Huguenots et les gueux*, par Kervyn de Lettenhove, membre de l'Académie de Belgique.

Le pape Clément VIII avait approuvé l'édit de Nantes. Le pape Innocent XI n'eut connaissance de l'édit de révocation qu'après qu'il eut été rendu. Il jugea qu'il n'était justifié ni par l'intérêt de l'Église, ni par l'intérêt du royaume, et blâma les mesures violentes qui s'ensuivirent. *Jésus-Christ*, disait-il, *ne s'est pas servi de cette méthode ; il faut conduire les hommes dans le temple, et non les y traîner.*

Malgré leur désir, on voit que les anticléricaux ne peuvent s'autoriser de ces faits historiques dénaturés pour exercer leurs violences et leurs persécutions. Lorsque l'État catholique a fait usage de la force au profit de l'Église, c'était dans le cas de légitime défense, au profit de la justice et dans l'intérêt national. Quand ils discutent ces questions, nos adversaires devraient les avoir étudiées; mais rien n'égale leur ignorance si ce n'est leur audace, et, trop souvent, leur mauvaise foi.

XIV

Les anticléricaux successeurs de Julien l'Apostat.

Du reste, bien qu'ils soient les héritiers naturels du despotisme romain et des haines jacobines de 1793, nous reconnaissons qu'ils ne songent plus à moissonner les phalanges chrétiennes, comme Maximien Hercule le fit de la légion thébaine de saint Maurice, ni à les livrer aux bêtes féroces du Colisée, ni à les guillotiner comme le fit le Comité de salut public. Le nom de *Terreur* est resté comme un tel stigmate à cette époque de boue et de sang, qu'une réédition de ces carnages est impossible.

Pourtant, la Commune de 1871 les a renouvelés dans les journées de mai à Paris, dans les massacres des otages, ceux d'Arcueil, de la rue Haxo et de la rue des Rosiers. Deux pacifiques archevêques, Mgr Affre et Mgr Darboy, sont tombés sous les balles d'assassins. A Châteauvillain on a vu un sous-préfet donner l'ordre à des gendarmes de faire feu sur des jeunes filles inoffensives. On voit que si nos adversaires citent dans l'histoire d'antiques cruautés faussement imputées à l'Église, nous n'avons pas besoin, nous, de remonter si haut pour en trouver d'innombrables et bien autrement monstrueuses à leur charge.

Le discrédit que la science historique contemporaine a jeté sur la légende révolutionnaire ne permet plus à ses partisans ces débauches de sang versé. Ils visent seulement à enchaîner l'Église, à exploiter l'ignorance et les passions contre elle en la présentant comme hostile à la liberté, à la science, au progrès, elle qui en fut l'initiatrice. C'est la reprise du plan de Julien l'Apostat, qui préférait l'astuce à la cruauté. Julien échoua, et le christianisme sauva le monde du despotisme romain, de l'esclavage et de la dépravation païenne. L'histoire a donné à l'ère rédemptrice le nom d'ère chrétienne. Nos modernes Juliens, comme leur ancêtre, font et feront beaucoup de mal et de victimes; mais finalement ils échoueront comme lui. Le passé répond de l'avenir.

Nous croyons avoir répondu aux objections courantes dont les anticléricaux croient se faire une arme contre nous.

Abordons maintenant l'histoire.

XV

Deux vérités indéniables.

Un examen sommaire et sincère suffit à attester que l'Église fut en tout temps l'initiatrice du progrès et de la liberté, et que l'anticléricalisme leur fut nuisible.

Tant que dura la lutte entre le paganisme et le christianisme, entre les barbares et l'Église, on sait de quel côté furent les champions de la civilisation et des mœurs, de l'honneur et de la liberté. Leur triomphe fut l'œuvre du Moyen Age clérical.

La Renaissance, par cela seul qu'elle fût un retour mitigé au paganisme, fut en même temps un retour graduel au pouvoir absolu et aux mœurs licencieuses.

Quant à la Révolution, violemment anticléricale, il est facile, malgré les préjugés reçus, de constater ses funestes résultats au triple point de vue moral, social et politique. C'est ce que nous ferons plus loin.

Par le seul fait de leur conversion au christianisme, les peuples qui l'embrassèrent acquirent sur les autres une supériorité morale, intellectuelle et politique incontestable. Cette supériorité s'est maintenue et perpétuée. Pour s'en convaincre, il suffit de comparer l'Europe et l'Amérique chrétiennes à l'Orient mahométan, à l'Asie boudhiste, à l'Afrique idolâtre.

La liberté avait peu à peu remplacé l'esclavage malgré la résistance des despotes païens, les anticléricaux du temps. Les vertus chrétiennes, et même la sainteté, avaient remplacé la dépravation grecque et romaine. La force avait fait place au droit, l'instinct barbare et cruel à l'esprit chevaleresque et chrétien.

A l'encontre des préjugés anticléricaux, deux

vérités indéniables ressortent de l'étude sincère de l'histoire.

La première, c'est que LA CIVILISATION FUT L'ŒUVRE DE L'ÉGLISE, et c'est la conclusion de l'admirable cours de Guizot sur l'histoire de la civilisation en France et en Europe.

La seconde, c'est que L'ŒUVRE CIVILISATRICE DATE DU MOYEN AGE, époque cléricale par excellence.

Augustin Thierry, Guizot, Littré, Le Play, Victor Duruy, Lecoy de la Marche, Démolins et tant d'autres, ont mis ces deux vérités en lumière. Parmi ceux que nous citons, les deux derniers, seuls, sont cléricaux.

Le progrès fut lent par les mêmes raisons qui entravaient l'action morale de l'Église, mais, nous le répétons, le Moyen Age fut le restaurateur de la science antique, le père de la science moderne, le berceau de la liberté.

XVI

Le Moyen Age. — Les lettres et les arts.

Les lettres et les arts, en décadence depuis les siècles de Périclès et d'Auguste, avaient repris leur essor. Après une première renaissance des lettres au sixième siècle, il y en eut une seconde aux huitième et neuvième, sous Charlemagne secondé par Alcuin. L'enseignement populaire prit une extension inconnue avant lui. Le savant Ampère disait à l'Institut en 1837 : « *Charlemagne a probablement établi plus d'écoles primaires qu'il n'en existe aujourd'hui.* »

Les dernières invasions des neuvième et dixième siècles suspendent le mouvement intellectuel. Il reprend avec éclat aux onzième et douzième. Au treizième, l'Europe comptait soixante-dix-huit universités. La première avait été celle de Bologne, en 1111, comme il convenait à la terre de la Papauté. Celle de Paris, fondée en 1200, était « LA GRANDE ÉCOLE DE L'EUROPE », a dit Victor Cousin. Sous Philippe-Auguste elle comptait vingt mille élèves. Il fallut agrandir Paris pour les recevoir. En 1257, le chanoine Pierre Sorbon fonde l'institution célèbre de la Sorbonne. Jamais le monde n'avait vu une pareille diffusion des lumières.

Nous l'avons dit ailleurs[1] : écoles épiscopales, écoles monastiques, universités, Sorbonne, privilèges des maîtres et des élèves, protection des études par l'Église et la royauté, voilà le spectacle que nous offre cette époque si décriée. En 1215, le Concile de Latran imposait même la gratuité de l'enseignement. Dans un congrès des sociétés savantes, le 4 juin 1887, M. Spuller, ministre actuel de l'instruction publique et des cultes, a prononcé les paroles suivantes, qui nous semblent résumer la question :

« La France, dit-il, a été PAR SON CLERGÉ UNE GRANDE ÉCOLE DE POLITIQUE, DE SCIENCE ET DE CHARITÉ. ELLE A REMPLI LE MONDE DU MOYEN AGE DE SA CIVILISATION ET DE SA GLOIRE. »

En effet, c'est du progrès des sciences, des lettres

---

1. *Le Moyen Age*, chez Bloud et Barral. Un vol. in-8.

et des arts, au Moyen Age, que sont partis les savants modernes pour monter plus haut.

Et l'on parle des ténèbres du Moyen Age !

Aussi, du neuvième au quatorzième siècle, que d'illustrations en tout genre : des souverains comme Charlemagne, Alfred le Grand et saint Louis; des papes comme Grégoire VII et Innocent III; des génies comme saint Bernard et Albert le Grand, Roger Bacon et Thomas d'Aquin; des héros comme Godefroy de Bouillon et Duguesclin; des poètes comme Dante et Pétrarque; des artistes comme Bramante et le Pérugin.

Ces illustrations inconnues ou méconnues des anticléricaux font de cette partie du Moyen Age l'époque la plus glorieuse et en même temps la plus honnête, la plus féconde et la plus virile, disait Montalembert.

XVII

Les libertés au Moyen Age.

Le progrès des libertés avait marché de pair avec celui de l'instruction. Charlemagne, Louis VI, Louis VII et leur ministre Suger; Philippe-Auguste, saint Louis, Louis XI, Louis XII, souverains cléricaux, favorisent et proclament les libertés populaires.

« *Il n'y a point chez nous de droits de fraîche date,* dit Augustin Thierry. Notre génération doit tous les siens au courage des générations qui l'ont précédée. *Vers le onzième siècle, les classes populaires avaient déjà conquis leur liberté et en jouissaient pleinement.* »

« *Nulle taxe*, dit Victor Duruy, *ne pouvait être exigée sans le consentement des contribuables. Nulle loi n'était valable si elle n'était acceptée par ceux qui lui devaient obéissance; nulle sentence légitime si elle n'était rendue par les pairs de l'accusé.* Voilà les droits de la société féodale que les États généraux de 1789 retrouvèrent sous les débris de la monarchie absolue. »

Dès le huitième siècle, Charlemagne disait dans un de ses Capitulaires : « *La loi est faite par l'accord du peuple et du roi. Lex fit consensu populi et constitutione regis.* »

Guizot avoue que les libertés municipales et communales, celles qui touchent de plus près le citoyen, étaient bien supérieures au Moyen Age à celles d'aujourd'hui.

Indépendamment des *Communes libres* que tous les pays ont eues, la France est le seul où le tiers État ait existé dès le Moyen Age. Avant sa fin, les États généraux s'étaient réunis huit fois, de 1302 à 1420. Et il y a des naïfs qui s'imaginent que l'Église est hostile à la vraie liberté et que celle-ci date de 1789!

En Italie, la fondation des communes avait précédé d'un siècle celle des communes françaises. César Cantu les compare à de petites républiques indépendantes.

En Espagne, les *fueros*, qui correspondent aux *chartes d'affranchissement* en France, avaient été délibérées au Concile de Léon en 1058, et promulguées dans le royaume de ce nom, la Castille, Valence, Grenade et Aragon.

Le Portugal et l'Espagne avaient leurs Cortès gardiennes et défenseurs naturels des *fueros*. Celles d'Aragon disaient au roi lors de son investiture :

« *Nous vous faisons notre roi, à condition que vous respectiez nos fueros;* SINON, NON. » Et le roi jurait de les respecter.

L'empire d'Allemagne, la Suède, le Danemark, la Pologne, la Hongrie avaient leurs *Diètes*.

L'Angleterre, l'Écosse et l'Irlande avaient leurs parlements. La *grande Charte* est de 1215. Elle stipulait l'*habeas corpus et le jury*. Et elle n'a fait que constater et confirmer un état de choses préexistant. Dès le neuvième siècle, le clérical Alfred le Grand écrivait dans son testament : « *Les Anglais doivent être aussi libres que leurs pensées.* »

Voilà comme aux temps cléricaux on entendait la liberté.

XVIII

La féodalité.

Et l'on parle de la servitude du Moyen Age !

Avant la conversion des barbares conquérants, par l'Église, oui. Mais dès que les Franks établis dans la Gaule furent entrés dans le sein de l'Église, l'organisation féodale eut lieu sous l'influence chrétienne, et l'affranchissement commença.

Dès le huitième siècle, saint Léger, évêque d'Autun, s'adresse ainsi au roi et aux seigneurs franks :

« Seigneur roi et vous princes, par la régénération du saint baptême et par l'humaine condition *vous êtes les frères de ces malheureux et leurs semblables. Prenez en compassion des frères qui vous ressemblent. Aimez-les comme tels, vous souvenant que les miséricordieux obtiendront miséricorde.* »

Ces sentiments inspirés par l'Église à ses nouveaux fils spirituels portèrent leurs fruits de justice et de liberté. L'organisation féodale, première étape de la liberté, en est la preuve. Les auteurs s'accordent à dire que loin d'avoir été une oppression, elle fut plutôt une délivrance.

« La féodalité, dit Augustin Thierry, était un lien naturel de défense entre les seigneurs et les paysans voisins, lien qui avait pour origine, *d'un côté le don, de l'autre la reconnaissance et la fidélité.*

« Si les serfs et les tenanciers, en échange de la terre qui leur a été donnée, *sont soumis à la dîme et à la corvée,* c'est-à-dire obligés de donner une faible partie de leur blé, de leur bétail et de leurs travaux à leur seigneur, c'est une sorte d'impôt *bien inférieur à celui que les paysans payent aujourd'hui.*

« A son tour, le seigneur est obligé de défendre les champs et la vigne, les troupeaux, la personne des serfs et des tenanciers, et de les secourir dans leurs pertes, leurs accidents et leurs malheurs. »

La féodalité, telle qu'elle sortit de l'influence cléricale, fut une immense confédération où chacun avait tour à tour des droits et des devoirs. Malheureusement, elle dégénéra en même temps que le sentiment chrétien. Nous allons voir tout à l'heure que la Renaissance sceptique a tué partout les libertés écloses au Moyen Age, dont le treizième siècle est le couronnement.

XIX

Apothéose du Moyen Age.

Ce n'est pas un clérical, c'est Littré qui a dit : « *Le treizième siècle est le grand siècle de la France.* » Henri Martin donnait cette qualification au douzième.

« Sans les affreuses guerres dont le quatorzième siècle fut désolé, dit Victor Duruy, *c'est du treizième qu'on aurait daté la Renaissance.* »

Le même auteur, qu'on ne peut non plus taxer de cléricalisme, ajoute :

« A une société violente, l'Église enseigna la douceur ; à des hommes vindicatifs elle enseigna le pardon ; à la hiérarchie féodale, elle opposa L'ÉGALITÉ DE TOUS LES HOMMES ; à la servitude, LA LIBERTÉ ; à la force, LE DROIT. Les barbares avaient fait litière de la civilisation antique ; l'Église en recueillit dans ses monastères les débris mutilés. Mère des croyances, elle fut aussi celle DE LA PENSÉE, DES ARTS ET DE LA SCIENCE. »

M. Duruy dit encore : « Elle a relevé la dignité de l'homme. La société qu'elle a fondée montra souvent une élévation morale QUI N'EST QUE DE CET AGE, et elle a légué aux temps modernes LE SENTIMENT DE L'HONNEUR. »

Ce qu'est devenu le legs sous l'anticléricalisme, on ne le sait que trop.

A son tour, Michelet dit du Moyen Age : « On voit s'organiser en face l'un de l'autre *l'Empire de Dieu* et *l'Empire de l'homme* ; d'un côté la force matérielle, de l'autre la parole et l'esprit ; DANS L'ÉGLISE L'ESPRIT DOMINANT LA FORCE [1].

Voilà pourtant l'époque qui fut longtemps méconnue parce qu'elle était cléricale ! Elle est réhabilitée par l'école historique actuelle. C'est l'apothéose de la science après le dénigrement de l'ignorance et du parti pris. Elle proclame que l'époque la plus chrétienne de l'histoire fut en même temps celle de l'essor de la civilisation par la science et la vraie liberté, grâce à l'Église son éducatrice.

XX

La Renaissance. — Décadence des mœurs.

Les anticléricaux ne peuvent se décider à admettre ces dépositions de l'histoire. S'ils reconnaissent de mauvaise grâce les services rendus par l'Église à une époque lointaine, ils prétendent que depuis longtemps elle est un obstacle à tous les progrès. A les entendre, l'Église aurait abaissé l'esprit humain si la Renaissance n'avait amené son réveil, et l'on devrait à la Révolution le couronnement de tous les progrès.

1. Introduction à l'*Histoire universelle.*

4.

L'examen des faits va contredire cette double affirmation.

D'abord, que fut la Renaissance et quelle fut son influence ? Sans contester ses mérites au point de vue de la littérature et des arts, son influence fut fatale sous tous les autres rapports. Ce qui la caractérise surtout c'est :

1° Le retour accentué au paganisme et à ses mœurs dissolues ;

2° Le retour aux superstitions et à la sorcellerie antiques qui ont remplacé la religion, et leur répression cruelle par les bûchers rallumés par les juges anticléricaux ;

3° La suppression des libertés du Moyen Age et l'établissement graduel du *pouvoir absolu*, qualifié d'*ancien régime* par nos adversaires.

Le scepticisme païen et les mœurs dissolues avaient été importés par l'émigration grecque à la cour des Médicis, puis à celle de François Ier. Or, si le progrès acquis sous l'ère chrétienne avait été dû à la victoire du christianisme sur le paganisme, il est clair que le retour à celui-ci devait logiquement aboutir à un recul. C'est ce qui est arrivé au point de vue moral d'abord.

La décadence des mœurs allait jusqu'à la licence et au scandale dans les cours italiennes et à celles de François Ier, François II, Henri III et *ses mignons*, Catherine de Médicis. Quel contraste après les règnes respectés de Louis VI à Louis XII ; après les pures et nobles figures des Geneviève, des Clotilde, des Isabelle la Catholique, des Blanche de Castille, des comtesse Mathilde, des Jeanne d'Arc !

La Renaissance ramènera les Laïs et les Phryné dans la société chrétienne. « Chaque fois que l'influence religieuse baisse comme au temps de la Renaissance et au siècle dernier, dit Taine, l'homme devient particulièrement débauché et cruel. »

XXI

La superstition et la sorcellerie gagnent ce que la religion perd.

La seconde conséquence de la Renaissance fut le retour de la superstition et de la sorcellerie antiques.

Les magiciens et les sorciers étaient si répandus sous le paganisme, que Tacite les comptait parmi les plus grands fléaux de l'empire. « Malgré la rigueur des lois, dit-il, malgré l'exil et la mort, ils reparaissent plus nombreux. »

Cela s'explique. « Sous le paganisme, dit Bossuet, tout était Dieu, excepté Dieu lui-même. » La superstition était naturelle. Elle ne peut s'accorder avec la foi à l'unité du Dieu des chrétiens. Cette foi combat virtuellement ce qu'Ozanam appelait les délires de la sorcellerie. Aussi, pendant le Moyen Age chrétien on n'en entend presque plus parler.

Avec la Renaissance, elle reparaît et se propage d'une façon incroyable. C'est une véritable épidémie qui dure deux siècles. C'est par milliers qu'on compte les victimes envoyées au bûcher. Le président Hénaut demandant à Lapeyre pourquoi il y avait tant de sorciers en reçut cette réponse : « *C'est que le bien de ces prétendus sorciers est confisqué en partie au profit des juges qui les condamnent.* » Une cupidité révoltante inconnue au Moyen Age chrétien inspire les juges laïques et sceptiques de la Renaissance.

Michelet appelle la sorcellerie *la reprise de l'orgie païenne*, la réaction des passions humaines *contre l'ascétisme du Moyen Age.* Quel hommage pour le Moyen Age et l'Église ; quel soufflet pour la Renaissance et ses admirateurs !

Charles Louandre a donc raison de dire : « On est convenu de regarder le seizième siècle çomme une époque d'affranchissement de l'esprit humain, et il se montra, en ce qui touche les sciences occultes, plus crédule et plus cruel que les siècles précédents. *Le grand siècle du scepticisme fut aussi le grand siècle de la crédulité.* » Cela rappelle la vogue du spiritisme de nos jours et celle du zouave Jacob.

Cela n'empêche pas les anticléricaux de présenter la sorcellerie coñme le produit du Moyen Age et l'œuvre du clergé. Or, à part Jeanne d'Arc, brûlée par les Anglais sous prétexte de sorcellerie, mais en réalité pour se venger des défaites qu'elle leur avait infligées, sait-on, parmi les procès de sorcellerie les plus connus, quels exemples les anticléricaux citent en preuve contre le Moyen Age ?

Celui de la Môle et Coconnas, suppliciés et brûlés en 1574, comme accusés d'avoir *envouté* Charles IX; celui de Gaufrédi, curé de Marseille, brûlé en 1611; celui de la maréchale d'Ancre, en 1617; celui du curé de Loudun, Urbain Grandier, condamné au bûcher en 1634, malgré les réclamations de son évêque; celui de Boullé, vicaire à Louviers, brûlé en 1647; celui de Guillaume de Lure, docteur en théologie, qui périt aussi dans les flammes pour avoir attaqué en chaire la croyance aux sorciers.

Ces dates indiquent que la sorcellerie moderne est bien fille de la Renaissance. Par l'influence de celle-ci, la superstition avait gagné ce que la religion avait perdu. N'importe, le Moyen Age restera le bouc émissaire, dût-on, pour cela, faire mentir l'histoire et la chronologie.

Le mal fut long à guérir. « Il n'y a pas encore un siècle, dit Voltaire, il n'y avait pas un Parlement, un présidial qui ne fût occupé à juger des sorciers. La France retentissait des tourments que les juges infligeaient à de pauvres imbéciles à qui on faisait croire qu'ils avaient été au Sabbat, et qui mouraient dans des supplices épouvantables. »

A ce moment un religieux illustre, le P. Malebranche, écrivait : *Qu'on cesse de les punir, qu'on les traite comme des fous, et l'on verra qu'avec le temps il n'y aura plus de sorciers.*

Leibniz nous apprend qu'en Allemagne un Père jésuite, le P. Spée, avait déterminé la suppression des procès de sorcellerie, cent ans plus tôt qu'en France.

De tout ceci il ressort que les cléricaux, loin d'avoir été les promoteurs de la superstition et de la sorcellerie, furent souvent leurs victimes, et que, seuls, ils s'élevèrent contre la cruauté des supplices. Mais, depuis l'anticlérical Philippe le Bel, ses légistes et ses juges civils avaient plus d'influence que les cléricaux, curés ou laïques. Ils le prouvaient en les faisant brûler quelquefois, ce qui leur rapportait une prime.

XXII

Acheminement au pouvoir absolu.

Le troisième résultat de la Renaissance fut la diminution successive des libertés conquises ou octroyées à la fin du Moyen Age, et l'avènement graduel au pouvoir absolu, reproché par nos adversaires à l'*ancien régime*.

Dès le début de la Renaissance, François Ier inaugure ce système de gouvernement où les sujets n'ont plus de garanties légales contre l'oppression, et le prince plus de frein à ses volontés capricieuses. C'est de lui que date cette formule qui termine ses ordonnances : *Car tel est notre bon plaisir.*

Quelle différence de ton avec cette formule de saint Thomas d'Aquin professée et mise en pratique par saint Louis : « Le royaume n'est pas fait pour le Roi, mais le Roi pour le royaume. » *Non est regnum propter regem sed rex propter regnum.*

Ces deux formules peignent bien l'esprit du Moyen Age clérical et celui de la Renaissance anticléricale.

Mais il n'y a pires sourds que ceux qui ne veulent pas entendre.

Sous Louis XIV et Louis XV le pouvoir personnel s'affiche plus hardiment encore. Il faut dire cependant que la monarchie qui avait fait de la France la première nation du monde, était débonnaire et paternelle *en fait*, bien qu'absolue en principe. Mais si le sentiment chrétien adoucissait l'autorité monarchique dans la pratique, elle était toute-puissante en théorie. Aujourd'hui c'est le contraire. Nos gouvernants ont toujours le mot de liberté à la bouche et ils la violent sans cesse.

D'où vient donc que les libres-penseurs et les révolutionnaires exaltent la Renaissance à qui est due la suppression des libertés du Moyen Age? Parce qu'elle fut sceptique et anticléricale comme eux. Par la raison inverse, ils dénigrent systématiquement le Moyen Age, initiateur des libertés, parce qu'il fut chrétien. Le fanatisme antireligieux est tel, qu'il leur fait maudire l'arbre qui a produit de bons fruits, et vanter celui qui en a produit de si mauvais, selon eux-mêmes, qu'ils l'ont abattu.

L'inconséquence et la contradiction sont flagrantes.

XXIII

Réveil des lettres et des arts.

Cela dit, nul ne conteste le réveil littéraire sous la Renaissance après la lamentable guerre de Cent ans, les quarante-huit années de pestes et de famines qui désolèrent cette époque et suspendirent la vie intellectuelle. Mais Clément Marot, Malherbe et Montaigne ne sauraient faire oublier les écrivains du Moyen Age, de Boëce et Grégoire de Tours à Villehardouin, Joinville, Froissart, Commines et Alain Chartier, surnommé le père de la littérature française.

Les œuvres de Brantôme, Rabelais et Boccace sont lues par les amateurs d'une littérature légère et licencieuse.

Machiavel, qu'on a appelé le Tacite de la Renaissance, a donné son nom au machiavélisme. Dans son livre *Du Prince*, il recommande, comme moyens de gouvernement, la fourberie, la corruption, la cruauté. Ce livre, condamné à Rome, a fait école sous la Renaissance où foisonnent les trahisons et les meurtres. Les hommes de la Révolution ont largement appliqué ses maximes pour s'emparer du pouvoir et s'y maintenir.

L'heureuse alliance de la religion et des lettres ne renaîtra qu'au grand siècle. Les œuvres de Bossuet et Fénelon, Descartes et Pascal, Corneille et Racine, La Fontaine et Molière, Leibniz et La Bruyère sont restées classiques dans l'univers entier.

Au point de vue des arts seulement la Renaissance mérita pleinement son beau nom. Leur réveil puissant et leur immense développement sont sa gloire. En architecture, on admire justement ses châteaux et ses palais; mais ils ne sauraient faire oublier les superbes monuments religieux du style byzantin, roman ou ogival, légués par le Moyen Age. Celui-ci a le mérite d'avoir innové en créant ces styles admirables. La Renaissance s'est inspirée de l'antique en le perfectionnant.

Quant à la peinture et à la sculpture on doit se rappeler que Raphaël et Michel-Ange, leurs représentants les plus élevés au seuil de la Renaissance, sont tous deux élèves du Moyen Age par leurs maîtres, Bramante et le Pérugin. Ici encore il est juste de constater que la Renaissance s'est occupée surtout de la forme. L'influence païenne s'y fait sentir dans les arts comme dans la littérature et la politique.

XXIV

Résumé de l'influence de la Renaissance

En résumé, loin d'avoir été un progrès sur la partie du Moyen Age qui va de Charlemagne à saint Louis, elle fut un recul au triple point de vue des mœurs, des libertés et d'une religion éclairée.

Elle n'a pas de grandes figures, de grands caractères à comparer à ceux dont nous avons déjà parlé, à Bayard, le chevalier *sans peur et sans reproche*, à Jeanne d'Arc, la libératrice de la France, à Gutenberg et à Christophe Colomb, à qui on doit la découverte de l'imprimerie et celle du Nouveau Monde.

Il n'y a donc pas lieu de la considérer comme un facteur considérable du progrès intellectuel, moral et politique. Toutes les bases fondamentales de la société existaient avant elle; elle en a ébranlé d'essentielles, elle n'en a ajouté aucune. Elle a développé l'amour du lucre et des plaisirs, substitué le machiavélisme aux sentiments d'honneur et à l'esprit chevaleresque du Moyen Age.

XXV

La Révolution. — Son personnel et son but.

Malgré un préjugé séculaire, qui commence à disparaître, il en fut de même de la Révolution. Quelques mots sur son personnel et son œuvre confirmeront notre jugement.

La Renaissance avait altéré le christianisme; le but avoué de la Révolution franc-maçonnique était de le tuer. Elle exila ou massacra ses prêtres par milliers. En elle-même elle fut le plus grand des mensonges, la plus grande des duperies.

Louis XVI, que Voltaire qualifiait de Titus, s'était rendu populaire par une quantité de réformes. Il voulait restituer au peuple les libertés perdues depuis la Renaissance. Il avait convoqué dans ce but les États généraux qui n'avaient pas été réunis depuis 1614. Il avait doublé le nombre des députés du tiers État pour qu'il fût égal, à lui seul, à ceux de la noblesse et du clergé réunis.

Les libertés octroyées par lui le 23 juin 1789, les privilèges généreusement abandonnés par la noblesse et le clergé dans la nuit du 4 août, satisfaisaient tous les esprits honnêtes. La France versait des larmes de joie et de reconnaissance. L'Assemblée Nationale proclamait le Roi *le restaurateur des libertés fran-çaises*. Ce n'était pas le compte des ambitieux et des pervers. Il fallait à tout prix repousser les libertés *octroyées* pour avoir un prétexte de continuer la Ré-volution. Pendant deux ans ils suscitent mille diffi-cultés, ils provoquent, par leur attitude et leurs me-naces, les mesures de précaution et de résistance par lesquelles le Roi veut empêcher le mouvement réfor-mateur de dégénérer en révolution. Vains efforts. Sa mort, ainsi que celles de l'empereur d'Autriche et du roi de Suède, avaient été décidées et décrétées par la franc-maçonnerie dans une grande réunion des Loges à Francfort, en 1786[1].

François-Joseph était mort, Gustave III avait été assassiné[2].

Restait Louis XVI.

Les factieux, qui avaient répondu aux royales avances du 23 juin par l'attaque de la Bastille, égor-gent de Launay *à qui on avait promis la vie sauve pour lui et sa petite garnison*. Ils répondent à la nuit du 4 août par la prise des Tuileries, le 10, et par le massacre de leurs défenseurs *qui se sont rendus aussi*. Trois semaines après a lieu, dans les prisons, l'égor-

1. Le fait a été révélé par deux francs-maçons, témoins auricu-laires : de Raymond, inspecteur des postes, et de Bouligny, pré-sident au Parlement.

Dans ses *Mémoires*, le baron de Haugwitz affirme que la Révolu-tion et le régicide avaient été résolus dans les Loges et le résultat des serments maçonniques.

2. Le 15 mars 1792, dans un bal masqué, par Ankarstrœm, expédié de Paris tout exprès.

gement de 1375 prisonniers inoffensifs, à Paris, et une centaine en province.

Après ces atrocités, dignes des Huns ou des Vandales, ils tuent le Roi lui-même après un simulacre de jugement, sous la pression d'une populace ivre de vin et de sang. Lazare Carnot avoue, dans ses Mémoires (f° 293), que Louis XVI eût été sauvé si la Convention n'eût pas délibéré sous les poignards. Aussi Mme Rolland l'appelait-elle *une assemblée de lâches dominée par des brigands*. Taine confirme ce jugement.

« La Convention, dit-il, fut à la merci de la fange et de l'écume ordinaire des grandes villes, qui a obtenu la *reddition* de la Bastille et fait le 10 août. Toute la canaille, tous les voleurs que Paris recèle et que la faction a enrôlés fournit l'arrière-garde. Naturellement les femmes perdues en sont, avec elles les voleuses et les prostituées que les septembriseurs ont élargies, puis enrôlées aussi. C'est là le public ordinaire de la Convention. Cette vermine anti-sociale grouille aux séances de l'Assemblée, de la Commune, des Jacobins et du Tribunal révolutionnaire. Tel est le peuple *politique* qui, à partir de 1792, règne sur Paris et la France : cinq mille brutes ou vauriens et deux mille drôlesses. »

Voilà ce qu'était la Convention et ceux à qui elle obéissait. Le personnel explique l'œuvre, et l'œuvre est digne du personnel.

Puis, les bourreaux et les assassins s'entr'égorgèrent eux-mêmes. Les plus modérés, les Girondins,

furent les premières victimes. *Dans les révolutions,*
a dit Danton, *l'autorité reste aux plus scélérats.* Il a
ainsi flétri celle dont il a été l'avant-dernier chef.

XXVI

Son œuvre.

En 1789 le peuple français avait manifesté, par
sept millions de suffrages, les plus libres qui furent
jamais, sa volonté de maintenir la royauté avec les
réformes stipulées dans les *Cahiers* des États généraux.

Une fois la République établie, la volonté générale
fut comprimée par la Terreur. La liberté du vote,
celle de la presse, celle du culte, celle de la conscience, celle de l'enseignement, celle d'association
furent supprimées. La propriété même ne fut plus
respectée. La Révolution fut une longue et constante
violation des principes dont elle se recommandait
hypocritement. Elle ne fut qu'une faction triom-
phante.

Mirabeau l'avait dit en mourant : « J'emporte dans
mon cœur le deuil de la monarchie, dont les débris
vont être *la proie des factieux.* »

Comme lui, les esprits sérieux et droits avaient
été désabusés du régime auquel ils avaient pris part.
Thibaudeau disait : *C'est la République qui étouffera
la République.*

*La Révolution, comme Saturne, dévorera ses en-
fants,* disait Vergniaud. Danton lui-même, guillotiné

comme modéré, avait, dit-on, son candidat au trône. Barras et Sieyès avaient le leur. Benjamin Constant, qui s'était rallié à la République, disait plus tard : *Je ne savais pas, alors, qu'il n'y avait de républicains, en France, que moi et ceux qui craignaient que la monarchie rétablie les fît pendre.*

Les engoués de la République devraient se demander pourquoi, après dix ans d'existence, elle n'était arrivée qu'à se faire craindre, non à se faire aimer, pourquoi elle n'avait fait que des *terrorisés*, non des *républicains*. Louis Prudhomme, collaborateur de Chaumette et ami de Robespierre jeune, en donne la raison. Il porte à plusieurs centaines de mille les victimes de la Révolution, hommes, femmes, enfants et vieillards guillotinés, pendus, noyés, fusillés, mitraillés, déportés, exilés, incendiés. Jamais, depuis les invasions barbares, on n'avait vu pareilles hécatombes de victimes innocentes. En quelques années, la Révolution en a fait cent fois plus que l'Inquisition pendant des siècles.

Renan n'exagère donc pas quand il dit : *Les auteurs de la Révolution étaient des fous ou des scélérats capables de toutes les insanités et de tous les crimes.*

Aussi la France fut-elle heureuse de se jeter dans les bras de Bonaparte, qu'elle accueillit comme un sauveur. Même après le paternel et libéral Louis XVI, elle préférait encore ce despote victorieux à ce défilé de guillotineurs et de rapaces, à ce régime de ruines et de sang qui avait tout détruit : liberté, sécurité, religion, commerce, industrie, instruction, crédit. Il fallut un demi-siècle à la monarchie pour relever ces ruines.

XXVII

Résultats de la Révolution au point de vue politique, social et moral.

Voilà pourtant le régime que d'honnêtes gens, trompés par les falsificateurs intéressés de l'histoire, croient pouvoir encore encenser, en vue du prétendu bien qu'il a produit. Ce bien, où est-il? La Révolution n'a su que détruire, elle n'a rien édifié. Les peuples qui ne l'ont pas subie jouissent d'autant et de plus de liberté que nous sans l'avoir payée par des torrents de sang. Grâce à elle, la France est divisée en deux camps, et l'instabilité y est telle qu'on y compte dix-sept changements de gouvernement en un siècle, tandis que les gouvernements étrangers ont grandi par leur stabilité même et nous ont enlevé le prestige de première nation du monde. *Vous n'êtes plus la grande nation*, disait Bismarck à Jules Favre. Voilà le résultat politique de la Révolution.

Au point de vue social ses résultats sont pires encore.

L'Église, en conquérant le monde à l'Évangile, avait moralisé et rapproché les hommes. La Révolution les a de nouveau divisés. En mettant la *Déclaration des droits de l'homme* à la place de l'Évangile, qui était la déclaration de *ses devoirs*, elle a provoqué en lui fatalement, logiquement, les sentiments d'envie, d'orgueil et de haine. *L'idée du droit est la face égoïste des relations humaines*, disait Lacordaire; *l'idée du devoir,* prêchée par le christianisme, *en était la face généreuse et dévouée.*

Voilà pourquoi le Moyen Âge clérical offrit le spectacle, jusque-là inconnu dans l'histoire, de cinq siècles consécutifs d'une paix sociale plus encore inconnue de nos jours [1]. Elle n'a été sérieusement troublée, après Charlemagne, que par les invasions des Normands et celles des Arabes, la querelle des investitures et les Croisades. Ces trois crises ont été dénouées au profit des peuples et à l'honneur de l'Église contre trois espèces d'anticléricaux : les barbares, les empereurs d'Allemagne empiétant sur le domaine spirituel, et les mahométans menaçant l'Occident.

Les questions sociales, qui préoccupent tant les économistes aujourd'hui, trouvaient alors dans l'esprit chrétien leur solution naturelle. Les rapports entre le patron et l'ouvrier étaient empreints de bienveillance en haut, de respect en bas, d'une confiance mutuelle. Patrons et ouvriers formaient une seule et même corporation. Leurs intérêts étaient solidaires.

Le monde était couvert d'institutions charitables. Les serviteurs naissaient et mouraient souvent chez les mêmes maîtres.

---

1. « Les gouvernements doivent au christianisme leur plus solide autorité et leurs révolutions moins fréquentes. » (Rousseau, *Émile,* livre IV.)

Où en sommes-nous aujourd'hui de ces vieilles mœurs méconnues et travesties par les anticléricaux ?

L'esprit d'envie et de révolte a succédé partout à l'esprit de justice et de concorde. En dehors du camp chrétien, le maître et le riche ne s'occupent plus guère du serviteur et du pauvre. L'assistance publique, chargée d'y suppléer, est une affaire de bureaucratie, où la fraternité est absente.

L'égoïsme est partout. Le patron exploite l'ouvrier, l'ouvrier est l'ennemi du patron. Les haines de classes vont en augmentant. Le sang coule dans les grèves, l'anarchie est érigée en doctrine, et la dynamite est passée à l'état d'argument.

Si nous ajoutons à cela dix-sept changements de gouvernement en France depuis un siècle, trois révolutions, les épouvantables journées de juin 1848, l'infâme Commune de 1871, nous aurons un tableau abrégé des conséquences sociales de l'esprit révolutionnaire en France et le bilan de la Révolution.

Grâce à son esprit anticlérical, ses conséquences ne sont pas moins tristes dans l'ordre moral que dans l'ordre politique et social.

La statistique constate l'énorme accroissement de la débauche, de la pornographie, des vols, des suicides, des assassinats, des récidives.

La précocité des criminels est effrayante.

Les unions légitimes et, par suite, la population diminuent, tandis que celle-ci augmente chez nos ennemis. Une presse vénale prône ou dénigre,

5.

moyennant payement, toute idée, toute entreprise. Les questions les plus importantes sont devenues, entre ses mains, des affaires d'argent.

L'honneur et la probité sont en décadence. Les scandales publics, les faits de corruption et de concussion sont devenus généraux et permanents. C'est par centaines qu'on a désigné des ministres, des sénateurs, des députés, des fonctionnaires, *tous anticléricaux et francs-maçons de marque*, trafiquant de leur conscience. On n'a pas osé faire la lumière pour ne pas discréditer le régime qui les a produits. On a fait l'impossible pour découvrir un clérical compromis, sans y réussir [1].

Sous Louis XIV, Fouquet était mort dans la forte-

---

1. L'authenticité des chèques Thierrée, la liste des députés achetés remise par M. de Lesseps à M. Monchicourt, les relations de Clémenceau avec le juif J. Reinach et l'espion Cornélius Herz, les aveux de Rouvier et les demi-aveux de Floquet en disent plus qu'on ne voudrait dans le parti anticlérical. La longue comédie de Bournemouth, la volonté bien *arrêtée* de ne pas *arrêter* Arton prouvent la peur qu'on a de leurs révélations. Les scandales eussent été centuplés.

La brochure de Dupas, qu'on n'a pas osé poursuivre ni démentir, a fixé l'opinion publique. Il était chargé d'offrir l'impunité à Arton en échange de son silence.

L'ingénieur Eiffel a acheté l'influence du journal *le Temps* en donnant à Hébrard, son directeur, 1 400 000 francs. Lui-même avait perçu 27 millions, volés avec tant d'autres, aux pauvres souscripteurs du Panama.

Le journal anglais *le Daily News* nous signale un pendant à ces hontes : l'illustre général de Miribel, après le désastre de l'*Union générale*, pouvait, comme on dit, retirer son épingle du jeu. Il refusa de séparer sa cause de celle de ses compagnons d'infortune et sacrifia héroïquement tout son bien. Le regretté général était *un clérical*.

ressé de Pignerol après dix-neuf ans de captivité. Sous le gouvernement de Juillet, Teste et Cubières avaient été condamnés à la prison et à la restitution des sommes détournées. Les coupables étaient punis et flétris, l'honneur du gouvernement et de la magistrature était sauf. Aujourd'hui c'est le contraire.

Depuis la suspension de l'inamovibilité de la magistrature, celle-ci est domestiquée ; ses arrêts sont des services payés par un avancement scandaleux.

On a voulu supprimer Dieu et la religion : l'honneur et les mœurs s'en sont allés avec eux. Le fanatisme anticlérical a fait chasser les religieuses des hôpitaux malgré les réclamations des malades et des médecins. Il a fait arracher des prétoires et des écoles l'image du Christ. A sa place il élève des statues à Étienne Dolet, un meurtrier, à Étienne Marcel, un traître, au sanguinaire Danton, à l'obscène Diderot, à l'immonde Marat. C'est l'éternelle histoire de Jésus crucifié et du voleur Barabbas glorifié à la demande d'un peuple imbécile poussé par des meneurs.

Voilà ceux à qui s'adresse la dévotion des anticléricaux. Leur Dieu c'est le veau d'or, leur temple c'est la Bourse. Et ils se moquent de notre Dieu et de nos saints ! Ils conspuent le ministère ecclésiastique qui a régénéré le monde par le dévouement, la science et la vertu, et ils se laissent guider par la franc-maçonnerie, qu'un humoriste a appelée une association de *roublards* exploitant une société de *gogos.* La révélation des dessous du Panama a montré le rôle cynique et antipatriotique de ses chefs.

Ce rôle a été mis en lumière dans un article courageux et indigné du *Petit Journal* du 23 mars 1893, intitulé : *Un criminel.* C'est Clémenceau, l'instigateur et le souffleur de la politique anticléricale contemporaine.

Que de Clémenceaux ont mené la France depuis cent ans !

XXVIII

Le socialisme et l'anarchie.

Le socialisme et l'anarchisme sont deux produits de la Révolution, deux maladies sociales nées de l'anticléricalisme, excitant les appétits matériels, les sentiments de haine et d'envie entre les classes.

Le christianisme avait établi la paix et l'union sociales pendant de longs siècles. L'esprit chrétien était un trait d'union. Il avait obtenu la protection du faible et du pauvre par les puissants et les riches. Les obligés y répondaient par le respect et la reconnaissance. La différence des positions était acceptée sans jalousie en bas, sans morgue en haut. C'était l'accord social au Moyen Age clérical.

A cette époque si travestie par les ignorants et les intéressés, nul ne pouvait mourir de faim ou de misère, comme cela se voit de nos jours à Paris et à Londres, les deux plus grands et plus riches centres industriels. Le monde était couvert d'institutions charitables, d'asiles ouverts à tout venant. L'Église consacrait à l'instruction et à l'assistance publiques les donations qu'elle devait à la reconnaissance des peuples et des siècles.

A-t-on assez décrié le servage substitué par l'Église à l'esclavage! Sans doute il n'était pas un idéal; mais quel progrès c'était sur l'esclavage païen, qui donnait au maître droit de vie et de mort sur l'esclave!

Les victimes de l'éducation à la Paul Bert ne se doutent pas que les serfs avaient une existence moins précaire que la plupart de nos ouvriers depuis qu'on leur a ôté la liberté d'association, qui était la force et le fondement des corporations. Cette liberté n'existe plus que pour la franc-maçonnerie, dont nous avons vu les services.

Les serfs étaient à l'abri du besoin. Le seigneur leur devait aide et assistance dans leurs pertes, leurs maladies et leurs malheurs. Ils ne pouvaient jamais être dans le besoin où tombe aujourd'hui l'ouvrier sans travail, sans gîte et sans pain. Ils étaient ce que sont encore nos métayers dans le midi de la France : les demi-usufruitiers de la terre du seigneur. Ils en partageaient les produits avec lui par moitié en échange de leur travail. S'ils étaient *attachés à la glèbe,* c'était surtout par leur intérêt, bien qu'il y eût entre eux et leur seigneur des obligations réciproques, comme dans tout contrat.

Voilà le régime substitué à l'esclavage antique, en vertu des principes d'un livre *clérical* appelé l'ÉVANGILE, répandu et prêché par la société *cléricale* appelée l'ÉGLISE.

Alors on ne parlait pas tant de fraternité, mais on la pratiquait. On ne pérorait pas sur la liberté, mais on jouissait, dans les communes, de toutes celles qui intéressent les citoyens [1]. On ne leurrait pas le peuple d'une égalité impossible. A cette époque de droiture et de bon sens, on savait qu'il y aura toujours des simples et des habiles, des savants et des ignorants, des modestes et des ambitieux, des malades et des bien portants, des riches et des pauvres.

Mais en même temps on avait foi en un Dieu juste pour réparer dans une autre vie les inégalités de celle-ci. D'où la résignation des chrétiens, plus heureux autrefois dans leur médiocrité acceptée, que nos socialistes et anarchistes, enfiévrés d'une envie toujours déçue qui les pousse au crime.

L'Église faisait donc du bon socialisme.

Les socialistes et les anarchistes en font de mauvais.

Quand ils manifestent *par les bombes* leurs prétentions, ils se mettent dans leur tort et sont criminels. Ils justifient le châtiment que leur inflige la société qui se défend. Il est à la fois inepte et monstrueux de faire périr des centaines de victimes innocentes dans les théâtres, les Parlements, les cafés, les églises, les hôtels ou les maisons particulières, pour n'aboutir à rien d'utile.

Mais, *en elles-mêmes*, les plaintes et les prétentions des socialistes sont, en partie, justes et fondées. Au fond, que veulent ces hommes qui,

1. Voir notre *Moyen Age*, page 213.

pour des chrétiens, sont des frères coupables, mais souvent malheureux? Pouvoir vivre, ne pas mourir de misère et de faim, dans une société de jouisseurs où l'on compte tant de millionnaires et même des milliardaires. Leur prétention est naturelle. Si leurs moyens sont coupables, leurs plaintes sont légitimes.

Aussi le comte A. de Mun, qui a consacré sa vie au service de la classe ouvrière, déplore-t-il l'attitude d'un parti qui s'égare et auquel il est dévoué. Il est forcé de reconnaître que « le socialisme révolutionnaire est une doctrine matérialiste qui ravale l'homme en niant la loi divine, et qui a pour objectif la satisfaction des appétits matériels, obtenue au besoin par la violence.

« Ce socialisme est donc *matérialiste dans son principe moral, collectiviste dans sa conception sociale,* nécessairement *violent et révolutionnaire dans ses moyens,* » dit-il.

Quel contraste avec la théorie émise par Mazzini lui-même en 1849!

« *L'économie sociale,* écrivait-il à Daniel Stern [1], *doit être l'expression temporelle de la religion. La religion doit être le principe suprême de l'organisation sociale.* »

C'est ce qui existait aux temps cléricaux du Moyen Age, dans la mesure du possible alors.

On n'a encore rien trouvé de mieux ni d'aussi bien. La série interminable des révolutions et des bombes en fait foi. Eh bien! l'anticléricalisme,

1. La comtesse d'Agoult.

l'aveuglement révolutionnaire de nos gouvernants sont tels qu'ils ne voient pas que ce sont leurs idées qui provoquent les révolutions et chargent les bombes. Tout en frappant quelques criminels *de fait,* ils continuent à répandre, par l'instruction laïcisée, les idées qui font ces criminels. D'un autre côté, ils oppriment les cléricaux, qui ont démontré pendant quinze siècles leur influence bienfaisante et civilisatrice.

Le fanatisme et la démence ont-ils jamais été plus loin?

Ce qu'on n'avait pas encore vu, c'est la prétention de trouver dans le christianisme la justification des anarchistes.

En 1793, un jacobin se croyait naïvement le disciple *du sans-culotte Jésus,* mais c'était un fait isolé. Les jacobins d'aujourd'hui prétendent s'autoriser de l'Évangile. Selon Clovis Hugues, l'anarchisme descend en ligne directe de la doctrine de Jésus-Christ et des enseignements de l'Église. L'esprit humain est tellement oblitéré que ces monstruosités sont débitées par des sophistes et accueillies par des badauds *comme paroles d'Évangile,* c'est le cas de le dire.

Clovis Hugues invoque l'exemple des Pastoureaux. Ceux-ci ne faisaient que suivre un moine apostat, c'est-à-dire devenu anticlérical. Les Pastoureaux, à l'instigation de leur chef, étaient ennemis des prêtres et des nobles. Ils ravageaient les églises et les châteaux. Singuliers chrétiens et triste témoignage pour la thèse de Clovis Hugues. Au reste, ils étaient une si infime minorité que cette bande d'émeutiers, formée en 1250, n'existait plus en 1251.

Un siècle plus tard, les Jacques furent aussi vite châtiés et dispersés, malgré l'appui du traître Jacques Marcel, en vue de ses desseins ambitieux et criminels. Clovis Hugues donne là à son parti de tristes ancêtres.

Avec l'esprit chrétien, ces coupables révoltes, manifestations passagères d'un retour à l'esprit barbare et païen, étaient vite réprimées.

Avec l'esprit issu de la Révolution, toutes les révoltes sont logiques et naturelles ; leur répression, au contraire, est illogique, et c'est ce qui fait l'embarras et la faiblesse des gouvernants issus des révolutions. Aussi le mal s'étend et s'aggrave depuis cent ans. Les promoteurs, au lieu de le combattre, s'acharnent contre les personnes et les doctrines qui pourraient y porter remède.

XXIX

Conclusion.

Nous terminons ici le parallèle du rôle de l'Église et de celui de ses ennemis dans l'histoire et de nos jours. Il nous paraît impossible, quand on les compare sans parti pris, de ne pas avouer que la civilisation moderne et la liberté ont été dues à l'Église aux temps où elle était écoutée, qu'elle a triomphé de l'esclavage et du césarisme, des passions et des vices déifiés sous le paganisme, que ce fut l'œuvre du Moyen Age chrétien.

Il nous paraît impossible aussi de nier que l'anticléricalisme ait constamment altéré ou ruiné l'œuvre sagement libérale et civilisatrice de l'Église. Sous des prétextes habiles et trompeurs, il a été une atteinte à la liberté, une révolte des ambitieux et des jouisseurs réfrénés cherchant une revanche. La Renaissance et la Révolution en sont deux exemples.

C'est à l'Église qu'est due la civilisation moderne, a dit Guizot. Pour l'en récompenser les anticléricaux répondent : *Liberté pour tous, asservissement pour l'Église, voilà le programme des vrais républicains.*

Voilà pourquoi les cléricaux, aujourd'hui, sont seuls atteints dans leur liberté, après l'avoir donnée autrefois au monde, et après l'avoir vue diminuée par leurs remplaçants. Seuls en ce siècle ils ont pris hautement parti pour la tolérance et la liberté, et blâmé tout ce qui avait pu leur porter atteinte, même du fait de leurs pères. Partout en Europe ils ont prouvé, par leur attitude ou leur participation au pouvoir, la sincérité de leur langage.

Lacordaire, Falloux, Montalembert, Guizot, Dupanloup, Broglie, Freppel, en France ; O'Connell, Wiseman, Manning, en Angleterre ; de Mérode, Deschamps et tous les fondateurs de la Constitution, en Belgique ; Malinkrodt, Ketteler, Windthorst, en Allemagne ; Rossi, Ventura et le grand pontife Léon XIII, en Italie ; le cardinal Gibbons, aux États-Unis.

Tous, esprits élevés et nobles cœurs, furent ou sont les partisans éloquents et convaincus de l'alliance de la religion et de la liberté, repoussée par les anticléricaux.

Seuls encore, nous avons assez confiance dans la justice de notre cause pour croire à son triomphe définitif *par la persuasion.*

Nos adversaires n'ont pas, paraît-il, la même confiance dans leur cause, puisqu'ils recourent à la violence, puisqu'en arrivant au pouvoir ils renient la liberté et la traitent de *vieille guitare,* comme faisait Gambetta. Ils ont raison.

La liberté est mortelle aux sectaires. Il leur faut le privilège. Elle est favorable aux cléricaux par cela seul qu'ils ne demandent pas de faveurs. A leur tour ils sont favorables à la liberté parce qu'elle leur suffit. Quant aux formes de gouvernement, ils s'arrangent de tous les régimes honnêtes.

En Belgique, pays monarchique et catholique, ce sont eux qui ont fait et viennent de parfaire une Constitution dans laquelle nous pourrions prendre des leçons.

Aux États-Unis, pays démocratique et protestant, l'Église et la liberté s'accordent, ainsi qu'en Angleterre. Dans ces trois contrées la religion a servi la liberté, et la liberté sert la religion. Celle-ci progresse considérablement dans les deux dernières. Les cléricaux y ont conquis l'estime et la confiance publiques par leur dévouement, leurs lumières et leurs services.

En France, depuis le règne des anticléricaux, la liberté n'existe plus que pour eux. Par sa déclaration du 23 juin 1789, Louis XVI la donnait à tous les Français, comme Louis XVIII par la Charte constitutionnelle de 1815, et Louis-Philippe par la Charte de 1830.

Elle est en décadence aujourd'hui, comme l'honneur et la paix sociale. Ces trois choses ont baissé en proportion des progrès de la franc-maçonnerie et de la juiverie.

XXX

Le remède.

Où est le remède à l'esprit public constaté par cet état de choses?

L'anticléricalisme et la Révolution, qui l'ont créé, sont impuissants à le changer.

Ils ignorent la solution des questions sociales qu'ils ont fait naître. Tout ce qu'ils croient savoir c'est que ce n'est pas à l'Église qu'il faut la demander.

La raison qu'ils en donnent est curieuse.

« L'Église, dit le journal républicain *la Liberté*[1], *est impuissante à résoudre les problèmes sociaux de notre époque parce qu'elle ne s'adresse qu'aux bons instincts de l'humanité et que celle-ci obéit plutôt aux autres.* »

C'est, pour l'Église, un compliment et un hon-

1. Nous apprenons que la *Liberté* a des attaches *juives*. Dès lors tout s'explique.

neur. Mais la situation actuelle vient précisément
de ce qu'on a flatté, excité les mauvais instincts de
l'homme. La logique dit que pour en sortir il faut
s'adresser aux bons, et par cela même à l'Église.
C'est par cette méthode qu'elle a déjà triomphé de
la résistance des mauvais. C'est par elle qu'elle a
obtenu autrefois de maîtres barbares ou despotes
l'abolition successive de l'esclavage et du servage.

Saint Léger nous en a fourni un exemple. L'Église
a été et reste le grand médecin des maladies de
l'âme et de la société. Laissez-lui la liberté de son
action. Au lieu de la combattre, travaillez à lui faire
rendre la confiance qu'elle mérite. Elle obtiendra
des classes dirigeantes et possédantes modernes les
concessions nécessaires à la solution équitable des
problèmes sociaux, comme elle les avait obtenues
des barbares. Rien d'utile, de grand, de généreux,
de durable, ne s'est fait et ne se fera, dans l'ordre
social, en dehors des principes chrétiens qui rap-
prochent, tandis que l'esprit révolutionnaire divise.

XXXI

Un exemple. — La question ouvrière.

La grande question contemporaine c'est la question ouvrière.

Après le tiers État, celui qu'on appelle le qua-
trième État veut sa part du bien-être matériel. Il la
veut avec d'autant plus d'âpreté sur la terre que les
anticléricaux lui ont enlevé, avec sa foi, la croyance

en Dieu et à une autre vie où seront réparées les injustices de celle-ci [1].

Cela explique l'esprit de démagogie et de vengeance prêché par le parti des Blanqui, des Vaillant, des Jules Guesde et tant d'autres.

[1]. Les anticléricaux se croient tout de bon des aigles parce qu'ils nient Dieu, comme s'il était une invention des prêtres.

Dans notre jeunesse, sous Louis-Philippe, nous montions un jour la garde, place Vendôme. Un garde national, notre camarade, nous dit qu'il n'avait jamais vu Dieu et qu'il ne croyait qu'à ce qu'il voyait. Platon disait : *Ceux qui ne croient que ce qu'ils voient sont des ignorants*. En effet, que de choses les yeux de l'esprit admettent d'après l'histoire, le témoignage et la logique, et où les yeux du corps ne voient rien !

Nous dîmes à notre camarade :

« *Alors vous croyez que l'homme s'est créé tout seul?*

— Ah ! non. En ce qui me concerne, c'est à mon père et à ma mère que je dois le jour.

— Bien. Mais votre père et votre mère, qui les a mis au monde ?

— Leur père et leur mère, parbleu.

— Bien. Mais votre grand-père et votre grand'mère, à qui ont-ils dû la vie à leur tour ?

— Toujours à leur père et à leur mère.

— Et ainsi de suite, n'est-ce pas, jusqu'au premier père et à la première mère ?

— Sans doute.

— Mais le premier père et la première mère, qui les a créés, mon cher camarade ? Vous êtes acculé à ce dilemme : Ou le premier homme a été créé par une puissance suprême que nous appelons Dieu, ou *il n'y a pas eu de premier homme*.

La première proposition est conforme au bon sens, la création tout entière supposant le Créateur, comme l'horloge suppose l'horloger. La seconde proposition est un non-sens ou une bêtise. Concluez. »

On avait fait cercle durant ces propos, inusités dans un corps de garde. L'assistance dit au camarade :

« *Collé, mon cher !*

— C'est vrai, je n'avais pas pensé à ça, » dit-il.

Depuis ce moment, le tambour nous témoigna beaucoup de respect. Le peuple est accessible au vrai, seulement on le trompe facilement.

Le triomphe de ces ennemis de la religion et de la propriété ouvrirait une ère de conflits sanglants. Ce serait la barbarie.

L'Église parle le langage de la justice et de la conciliation en s'adressant aux bons instincts de l'homme. Seule elle aime véritablement le peuple que d'autres flattent et exploitent. Elle l'a prouvé à l'époque de sa prépondérance au Moyen Age cléri-rical. Elle avait couvert le sol de la France d'écoles, d'hôpitaux et d'institutions analogues à nos caisses de retraites, à nos sociétés de secours, etc.

L'union existait alors entre les patrons et les ouvriers sous le régime trop peu connu des *corporations*, composées des patrons et des ouvriers, tous solidaires. Ces puissantes associations populaires avaient amassé un capital de seize milliards qu'elles administraient elles-mêmes, et traversé dix siècles malgré des vicissitudes diverses. La Révolution les détruisit et confisqua leurs biens. On ne sait pas assez que le peuple fut plus maltraité par la Révolution bourgeoise et franc-maçonne, que le clergé lui-même. Elle le traita à peu près comme Voltaire, qui l'appelait : *la canaille.*

Depuis lors, la question ouvrière est ouverte. On ne la résoudra équitablement qu'en revenant à l'esprit qui avait donné naissance aux corporations. Le salut de l'avenir est là. Les principes chrétiens de justice, de bienveillance et de respect sont les seuls traits d'union entre les fractions opposées de la société. Sans eux c'est la guerre sociale.

L'Église et le peuple seront les agents de l'entente. Tous deux ont été les victimes de la Révolution, sans avoir trempé dans ses crimes et ses hontes. Eux seuls ne se sont pas enrichis par elle comme la bourgeoisie anticléricale, ne s'occupant que d'affaires et de plaisirs. Eux seuls n'ont pas renié leur passé de dévouement et de labeur persévérant.

« C'est dans le peuple des travailleurs, dit avec raison le marquis de Ségur, qu'est l'espérance de l'Église et de la patrie. C'est de lui que viendra le salut... Il n'y a plus que deux forces sociales : le clergé et le peuple ouvrier... Quant aux classes aisées, le paganisme et les jouissances les ont réduites à l'impuissance. »

Que peut-on attendre, en effet, de la bourgeoisie subissant l'influence de la franc-maçonnerie et de la juiverie, dont nous avons montré l'esprit et les effets ?

On n'aboutira à rien dans la question ouvrière, par exemple, en dehors des principes rappelés par le souverain pontife Léon XIII dans l'encyclique sur la *Condition des ouvriers*. Ces principes, appliqués déjà, par le comte Albert de Mun, M. l'abbé Garnier et autres catholiques éminents, dans plusieurs œuvres et établissements importants, ont donné des résultats probants en France. Là règnent la concorde et une confiance mutuelle, au lieu des grèves et des conflits, toujours plus aigus, entre patrons et ouvriers anticléricaux.

En Allemagne a lieu un mouvement analogue, né, il y a vingt-cinq ans, du livre remarquable de

Mgr Ketteler, évêque de Mayence : *la Question ouvrière et le christianisme.* Le célèbre député du centre, Windthorst, avait travaillé à organiser ce mouvement. Il lui a donné un corps en fondant le *Volksverein,* c'est-à-dire *l'association populaire* catholique qui a pour but de préparer par les mêmes moyens le triomphe de la justice et de la paix sociales.

Le cardinal Manning en Angleterre, le cardinal Gibbons en Amérique, M. Decurtins, député catholique au Conseil national helvétique, ont pris en main la cause des ouvriers. Ce dernier, au Congrès de la Fédération ouvrière, à Bienne, *au milieu de socialistes déclarés,* a pu faire voter récemment une adresse de remerciements à Léon XIII pour son Encyclique. Peu à peu la lumière se fera et les malentendus cesseront.

En Allemagne, comme chez nous, les cléricaux se trouvent en face d'un socialisme dont l'avènement ne serait que le triomphe brutal du prolétariat substitué à la bourgeoisie. Ce serait la démagogie et la vengeance, non la justice et la paix. Le parti des Marx et des Lassalle, des Bebel et des Liebknecht, est, comme ses pareils en France, l'ennemi de la religion, de la propriété et du droit. Il rêve une croisade internationale qui aboutirait à un partage du bien d'autrui toujours à recommencer.

Le Moyen Age clérical eut aussi ses croisades ; mais celles-là étaient nées de la foi et du patriotisme, comme toutes les grandes entreprises inspi-

6

rées par l'esprit chrétien, telles que l'apostolat et l'enseignement. Il s'agissait de |délivrer le tombeau du Christ, rédempteur du genre humain, et de refouler l'islamisme triomphant en Orient et envahissant l'Occident. Jamais plus grande et plus noble entreprise n'avait mis en branle les peuples du continent. L'élan fut unanime et la croix fit reculer le croissant. Sans cela, *nous serions des Turcs et non des Francs*, disait Lacordaire.

XXXII

La question aujourd'hui. — Espoir.

Grâce aux croisades cléricales, le mahométisme n'est plus à craindre.

Aujourd'hui comme il y a dix-huit siècles, la question se pose entre le christianisme persécuté et une des formes du paganisme ressuscité sous le nom d'anticléricalisme. D'Hérode à Constantin, la lutte avait duré trois siècles. Dieu veuille, cette fois, en abréger la durée.

Il est permis d'espérer que ce vœu sera exaucé.

Le P. Lacordaire, que nous aimons à citer, disait encore : « Ceux qui ne sont pas éclairés par la révélation du vrai et du bien le sont quelquefois par la révélation du mal et du faux. »

C'est vrai des nations comme des individus.

Les esprits observateurs qui ont étudié le mouvement intellectuel et social depuis un siècle et demi sont revenus des intrigues et des mensonges de l'anticléricalisme ; ils sont revenus des sophismes de Rousseau et des sarcasmes de Voltaire.

Ils sont revenus des légendes et des déclamations révolutionnaires. Ils savent que la Révolution a fait banqueroute à toutes ses promesses, qu'elle a violé et qu'elle viole encore, *en fait*, toutes les libertés qu'elle avait proclamées, *en théorie*, pour s'emparer du pouvoir.

D'un autre côté, l'abaissement moral dû à un siècle d'anticléricalisme est flagrant depuis les scandales dont la presse européenne a retenti. Après les honteux trafics de Wilson à la présidence de la République, au vu et au su de M. Grévy, ces scandales attestent une corruption aussi étendue qu'inouïe. Ils attestent que les corrompus sont les chefs ou les membres influents de la franc-maçonnerie, que les corrupteurs appartiennent à la juiverie. Les premiers, qui nous gouvernent, sont d'accord avec les seconds qui, sans rien produire, sans être ni commerçants, ni agriculteurs, ni industriels, accaparent la fortune publique par la banque, l'usure et le chantage.

Eh bien, ces deux classes, qui tiennent dans leurs serres la société française et l'exploitent, elles sont les ennemies irréconciliables des cléricaux, seuls étrangers à ces hontes et seuls à les flétrir.

Qui n'ouvrirait les yeux après de tels rapprochements ?

Espoir et confiance ! Certes le règne des charlatans de la politique et de l'histoire n'est pas fini ; les préventions de leurs dupes le prolongent; mais la lumière a commencé à se faire et se fera de plus en plus.

Déjà ils ont peur. Nous sommes en danger, s'écriait dernièrement le journal *le Radical*. Le *XIX*e *Siècle* dit à son tour : *Les cléricaux sont décidés à sacrifier leur vie plutôt que leur foi.*

Il est passé le temps où on nous jetait dédaigneusement l'épithète de cléricaux. Soyons-en fiers. Elle est un titre d'honneur quand on songe à leur rôle dans le passé, et surtout lorsqu'on le compare à celui des anticléricaux dans le présent. Proudhon, qui les connaissait bien, les appelait *tas de blagueurs*, et l'illustre amiral Courbet, *tas de polichinelles*.

En dehors de l'ignorance et des turpitudes de l'anticléricalisme, nous avons un autre motif d'espoir et de confiance.

Par l'esquisse qui précède, on peut déjà voir que l'histoire dépose en notre faveur. Son étude sincère nous ramènera de plus en plus les esprits éclairés. Elle a souvent converti nos adversaires de bonne foi comme Le Play, Taine, Littré, chercheurs consciencieux, natures droites et loyales, comme Guizot et Augustin Thierry, les plus savants historiens contemporains; comme Victor Cousin, le maître de la philosophie, de nos jours; comme Tocqueville, qui disait : *J'ai commencé l'étude de la société ancienne rempli de préjugés contre le clergé, je l'ai finie plein de respect.*

Trompée par les déclamateurs intéressés, la foule s'imagine que le camp clérical est celui de l'ignorance; c'est une illusion contre laquelle protestent les vrais savants, les penseurs et les plus grands génies de tous les temps. Elle serait interminable la liste des savants et des grands hommes de toutes sortes qui ont servi à la fois la cause de la civilisation et celle de l'Église. On peut toujours dire, après Joseph de Maistre : « Oh ! sainte Église, les véritables grands hommes t'appartiennent. »

XXXIII

L'esprit nouveau.

L'horizon religieux va-t-il enfin s'éclaircir ? Il est permis de l'espérer, ce nous semble, depuis la séance du 3 mars à la Chambre.

M. Cochin, député clérical, a posé une question à M. Spuller, ministre de l'instruction publique et des cultes, à propos d'un arrêté du maire de Saint-Denis interdisant aux familles en deuil de déposer l'emblème religieux de la croix sur le cercueil des êtres chers qu'elles ont perdus.

L'occasion était belle, pour un républicain devenu sincèrement libéral (est-ce le cas de M. Spuller ?), de rompre enfin avec l'esprit de persécution tantôt violente, tantôt hypocrite, souvent idiote, des anticléricaux depuis quinze ans. M. Spuller ne l'a pas laissée échapper. Il a proclamé ouvertement l'intention d'inaugurer une ère nouvelle de justice et de pacification. Il a arboré hautement l'étendard de *l'esprit nouveau* qui devait présider, à l'avenir, à la politique du gouvernement pour mettre fin à d'absurdes et mesquines querelles.

Les radicaux, furieux, ont transformé la question en interpellation pour exploiter la passion antireligieuse et mettre le ministère en minorité. Les chefs de la franc-maçonnerie ont *donné* dans cette charge à fond : ils ont été battus.

Dans sa réplique, M. Spuller a accentué ses premières déclarations. Il a parlé en termes respectueux du Pape, *investi de la plus haute autorité morale.* Les anticléricaux en ont été offusqués. Est-ce qu'ils mettraient au-dessus d'elle celle des Brisson, des Goblet, des Clémenceau et leurs pareils, même après les scandales du Panama ?

M. Spuller a conclu en répudiant énergiquemént la guerre mesquine, tracassière, vexatoire faite à l'Église.

« Qui accusez-vous d'avoir fait cette guerre ? ose demander Goblet le fusilleur de religieuses. — Je m'en accuse moi-même, pour ma part, répond M. Spuller.

— C'est un acte de contrition, dit l'austère Brisson, inventeur du *droit d'accroissement.*

— C'est un *mea culpa*, dit Millerand. Comme s'il était rien de plus honorable que de reconnaître un tort et de le réparer.

— Que ferez-vous de l'esprit ancien? demande encore le rageur Goblet.

— L'esprit ancien, c'est l'esprit de Châteauvillain, » lui crie-t-on.

M. Casimir Périer, [président du Conseil et ministre des affaires étrangères, s'est prononcé à son tour pour la politique d'apaisement préconisée par son collègue.

Pour y rallier les radicaux, M. Spuller avait raconté l'aveu que lui fit, un jour, M. Brisson, que la lutte contre le cléricalisme était, à ses yeux, *ce qui avait fait le plus de mal à la République*. En effet, elle lui a aliéné les esprits élevés et honnêtes.

Au contraire, les conseils et les avances du Saint-Père, dans l'intérêt de la justice et de la paix, lui ont rendu service en l'humanisant, en lui ralliant les honnêtes gens.

Que demandent les cléricaux ? Pas de faveurs, mais le droit commun dans la liberté. Le leur refuser était inique et odieux. C'est cependant ce que faisaient les anticléricaux depuis quinze ans.

Ce régime va-t il cesser ?

Les avis sont partagés.

Les uns ne voient dans l'évolution nouvelle de M. Spuller qu'une tactique habile pour répondre aux intentions conciliantes du Saint-Père et rassurer les catholiques ralliés, avec l'intention secrète de continuer la guerre à l'Église moins ostensiblement, mais *lentement et sûrement*, comme il l'a dit naguère.

D'autres, au contraire, voient dans la séance dont nous avons rapporté les incidents significatifs la preuve d'un revirement réel. Ils croient à la sincérité de MM. Spuller et Casimir Périer, à leur résolution de rompre tout de suite avec les exagérations d'un parti ignorant et fanatique, *en attendant mieux*. Ils y croient parce que les deux ministres ne sont pas inféodés à la franc-maçonnerie et s'en vantent. Dès lors, ils ne peuvent s'associer plus longtemps à une politique odieuse et stupide, contraire à leur honneur et à la pacification de la France.

Leurs bonnes intentions seront entravées par les lois précédemment votées par des sectaires et appliquées par leurs créatures, casées dans les préfectures et les administrations; mais c'est déjà énorme que l'esprit de secte soit ouvertement désavoué et l'esprit de justice et de tolérance hautement proclamé. Le temps fera le reste.

Nous partageons cet espoir.

Ce qui nous porte à croire aux bonnes intentions du Gouvernement, c'est qu'il a besoin plus que jamais, par le temps de socialisme et d'anarchie qui court, *d'un lien social et d'un frein moral*. Où les trouvera-t-il ailleurs que dans l'esprit chrétien? Lui seul peut faire contrepoids à l'esprit révolutionnaire qui depuis cent ans excite et divise. Les Ravachol, les Vaillant, les Henry n'ont fait que tirer les conséquences logiques, quoique extrêmes, de l'esprit d'envie et de haine provoqué par les principes révolutionnaires. A la déclaration des *droits de l'homme* il est temps de substituer l'esprit de l'Évangile, qui lui apprenait ses devoirs.

Dans les conflits qui menacent de tourner aux cataclysmes sociaux, ce qui nous rassure, connaissant le rôle de l'Église dans l'histoire, c'est son

entrée en scène pour réparer le mal, c'est son dévouement à la démocratie moderne comme à celle
du Moyen Age. Elle seule peut la sauver des dissen-
sions présentes, comme elle l'avait affranchie de l'esclavage antique.

Pourquoi voudrait-on que MM. Casimir Périer et
Spuller ne soient pas assez clairvoyants pour comprendre cela; pour accepter, de l'Église, un concours
dont la France, sa fille aînée, s'était trouvée si bien
qu'elle lui a dû d'être la première nation du monde,
par sa grandeur dix fois séculaire, de Charlemagne
à saint Louis, de Louis XIV à Napoléon, grandeur
perdue, hélas! depuis le règne de la franc-maçonnerie et des anticléricaux ?

M. Spuller a reconnu que *la France du Moyen Age*
(c'est-à-dire cléricale) a *rempli le monde de sa civilisation et de sa gloire, qu'elle a été*, PAR SON CLERGÉ,
UNE GRANDE ÉCOLE DE POLITIQUE, DE SCIENCE ET DE
CHARITÉ. Il disait cela, le 4 juin 1887, au Congrès des
sociétés savantes, devant un auditoire instruit et
compétent, sans préoccupation électorale ou minis-
térielle. On peut donc l'en croire, et il pouvait dire
toute sa pensée. Pourquoi en aurait-il changé ? On
comprend qu'il ne puisse la proclamer tout entière
devant des adversaires à la fois ignorants, systéma-
tiques et puissants, mais nous le croyons trop honnête pour la trahir, et même pour ne pas y confor-
mer ses actes dans la mesure du possible, en attendant
mieux.

Au reste MM. Spuller et Casimir Périer ne sont

pas les premiers à ne plus croire au spectre clérical dont les malins ont joué longtemps avec succès auprès des badauds. Gambetta lui-même, qui s'en était servi pour arriver au pouvoir, avait compris, quand il y fut, que le danger réel et sérieux n'était pas là. Ce n'était plus les cléricaux, c'était les radicaux qu'il voulait *poursuivre jusqu'au fond de leurs repaires.* Jules Ferry avait fini par dire aussi : « *Le péril est à gauche.* » C'est le côté de l'anticléricalisme. Pourquoi supposer que les successeurs de Gambetta et de Jules Ferry y voient moins clair qu'eux ?

Jules Guesde a été, à propos de l'anniversaire du 18 mars, jusqu'à nous menacer d'une nouvelle Commune. Il a dit : *La société bourgeoise ne fait pas mal de se réconcilier avec l'Église, car elle n'est pas loin de l'échafaud, où les condamnés ont droit aux consolations de la religion.* LE CLERGÉ FOURNIRA LE PRÊTRE, NOUS NOUS CHARGEONS, NOUS, DU BOURREAU.

Nous nous refusons à croire que MM. Spuller et Casimir Périer hésitent même à se rallier au parti du prêtre consolateur contre le parti qui produit les bourreaux assassins.

Cet opuscule était composé lorsqu'on nous affirme que M. Spuller a été reçu franc-maçon à la loge *les Héros de l'Humanité*, en 1876.

M. Spuller a dit, le 3 mars, *qu'il n'était d'aucune communion, pas même de la franc-maçonnerie.* Est-il un converti, ou un... habile ? Ou bien la franc-maçonnerie est-elle plus forte que sa bonne volonté ? Pauvre France !

TABLE DES MATIÈRES

FIN

LE MOYEN AGE

9 782019 954475